卓越运营

美的 | 简单高效的管理逻辑 |

刘欣◎著

机械工业出版社
CHINA MACHINE PRESS

图书在版编目（CIP）数据

卓越运营：美的简单高效的管理逻辑 / 刘欣著 . —北京：机械工业出版社，2023.3（2025.6 重印）

ISBN 978-7-111-72646-3

I. ①卓… Ⅱ. ①刘… Ⅲ. ①家电企业 - 企业经营管理 - 研究 - 中国 Ⅳ. ① F426.619

中国国家版本馆 CIP 数据核字（2023）第 029808 号

卓越运营：美的简单高效的管理逻辑

出版发行：机械工业出版社（北京市西城区百万庄大街 22 号 邮政编码：100037）
策划编辑：张 楠
责任编辑：张 楠
责任校对：梁 园 张 薇
责任印制：郜 敏
印　　刷：三河市国英印务有限公司
版　　次：2025 年 6 月第 1 版第 11 次印刷
开　　本：147mm×210mm 1/32
印　　张：10.125
书　　号：ISBN 978-7-111-72646-3
定　　价：69.00 元

客服电话：(010) 88361066
　　　　　(010) 68326294

版权所有·侵权必究
封底无防伪标均为盗版

FOREWORD ── **推荐序一**

我在南京大学商学院从事管理理论研究教学 30 多年，创办了南京东方智业管理顾问有限公司，做企业管理咨询也近 30 年，经常阅读财经管理方面的书籍，尤其关注企业案例研究类的书籍。不过，现在在书店里、网络上以知名企业或知名企业家为题材的财经管理类书籍不少，但有高阅读学习价值的并不多。比较常见的是，如果这家企业还健康地活着，这类书的内容大多数是以歌功颂德、人为拔高为主，甚至一俊遮百丑，并且总结提炼出某某模式、某某现象之类的东西，似乎唯有如此，才能彰显对社会的贡献和对阅读学习者的价值，而书中真正能客观理性探究、激发人思考、给人以启迪或学而可用的东西却鲜见。究其原因，有的是企业本身的发展实在没有什么特殊之处，作者无法总结出独特的、令人赞叹的、高级的东西出来，出书仅仅是为了宣传包装；

有的是作者没有深入了解企业，也没有能力发现和把握住这家企业发展成功的真谛，读者去读这样的书是一种负担和浪费。

刘欣先生发来微信，希望我为他刚完稿的一本研究美的集团的书作序，作为多年的朋友，我虽然爽快地答应了，但是心中并没有过高的期待，以为这也是一本随大流之作，我只要写几句客套话、场面语即可轻松交差。等到刘欣先生发来书稿，我打开一看，首先被书名"卓越运营：美的简单高效的管理逻辑"所吸引。

近年来美的集团在中国家电业的王者地位逐步为世人所知，一直以来它很低调，低调得与其江湖地位不大相称，甚至有几分神秘。除了产品宣传外，大家很少看到美的主动宣传其他方面。记得当年第一次看到媒体上美的的广告，我还纳闷：这家企业的名字改得挺让人疑惑不解，明明"美的"是形容词，怎么就被当成了名词，成为一家企业的名字了呢？过了一段时间我终于琢磨出其中之妙：作为形容词，"美的"可以修饰产品、服务、企业、生活等，如美的产品、美的服务、美的企业、美的生活，挺美好的，能给听众留下足够多的想象空间；对内部员工而言，这些正是美的人要努力提供给消费者和社会的东西，是自己奋斗的方向和目标。不过，这也同时留给我一个长期的困惑：作为企业的美的，是如何真正做到名副其实的呢？刘欣先生这本书的书名直接给了我答案：简单高效是美的实现卓越的灵魂。而我更感兴趣的是其背后的管理逻辑，因为搞清楚逻辑，我们才能既知道其然，也知道其所以然，对研究者和学习者来说，只有搞清楚逻辑才有可能把握其中的真谛。

我带着一种欣喜、爽快和一探究竟的心情快速读完书稿，而后又多次翻阅。

欣喜，是因为刘欣先生这本书用非常简练的结构就把一家大企业复杂的运行系统和几十年的发展历史清清楚楚地呈现在我们面前。

本书聚焦运营，以运营为总纲，通过对由战略、管控和业务构成的大运营之轮，以及战略、管控和业务本身的具体运作（可以把它们看作三个具体运营的小轮）的描述，即大轮与小轮的结构和运转，就把一家年销售几千亿元的企业是如何运行发展的一目了然地展示出来，可谓简单高效。这样的结构化分析和一般书上所讲的有很大区别，很值得我们借鉴，尤其对我们做管理咨询很有用。

爽快，首先是因为该书不绕不避，不故弄玄虚，直面企业运营中的一系列痛点、难点问题，从实践到理论，简明扼要地介绍美的面对问题时是怎么想的、怎么做的，以及为什么要这么做，做的结果如何。这对急切希望得到答案、想要一探究竟的做企业、做咨询的人来讲，特别解渴。

例如，开篇的第一节标题是"规划与执行的鸿沟是什么"，这几乎是所有企业都会碰到、都很困惑而百思不得其解的痛点问题。

又如，管控是企业管理中的一个重点和难点，企业很难把握合适的度，管控不严企业会失控散架，管控过严业务无法开展，企业发展就无从谈起；如何让管控有效的同时，又不产生消极影响而是积极促进业务的发展，美的有着自己的解决之道。

再比如，跨部门协同是企业管理中令许多管理者头大的问题，美的通过设计考核指标时把各部门的目标、利益关联起来，实现局部利益和整体利益的结合，从而使问题迎刃而解。

其次，本书把美的独具风格的管理思想和方法淋漓尽致地呈现出来。

比如，谈到企业文化时，与许多企业时时刻刻把文化挂在嘴边、写在纸上、贴在墙上，在形式上表现得轰轰烈烈不同，美的更多的是在行动上贯彻落实，以行动体现文化，强调"做企业不需要光环""不为面子而活""保持自知之明""专心经营企业"，等等。如果说这些点点滴滴是美的成功的密码，又何尝不是现实中许多没能做到这些的企业失败的原因呢？

再比如，许多企业都希望和强调结果导向，但往往最终导向的并不是当初想要的结果。而美的用机制来推动结果导向，将其实实在在地落实在用人、做事和分钱这三件事上，始终以业绩和目的为依据，这样就将结果与过程统一起来。美的格外重视机制设计，可以说是用机制在驱动企业发展。

本书的精彩之处不只有对美的管理思想和方法简练而又深入的介绍与解读，让我觉得更有价值的是作者在前言中对为什么许多企业学习包括美的在内的大企业，却效果不好的原因的分析，以及对如何学习标杆大企业的建议，即"三要三非"：要学小时候的经历，而非长大后的样子；要学底层的管理逻辑，而非表面的管理动作；老板要带头学，而非只让团队学。这"三要三非"对许多追捧成功的大企业，并以此为标杆认真学习，但始终学习效果不尽如人意的企业家应该有醍醐灌顶之用。

　　最后要提一句，我挺欣赏刘欣先生的文笔，简练、明确而精到，惜墨如金，唯恐浪费了读者宝贵的时间，这大概与他在美的工作过较长时间，被训练出简单高效的风格有关。

　　就像我去餐厅吃了一顿美食，把自己的体验感悟写出来，分享给更多的人一样，这是一件令人愉快的事，我对本书的评价就是如此。

南京大学商学院教授
中国企业联合会管理咨询委员会副主任
南京东方智业管理顾问有限公司董事长
成志明博士
2022 年 9 月 19 日于金陵江湾城

推荐序二 —— FOREWORD

草根创业如何走向世界：
美的实践是中国优秀企业的活标本

我与美的结缘是从 1994 年开始的，当时广州松下向美的提供空调压缩机，因此我有机会跟美的的干部打交道，在业务一线接触美的。从 2004 年开始，我跟美的几个事业部有过多年培训合作，在干部层面与美的互动，更进一步了解美的。2021 年，在机械工业出版社的支持下，启势商学启动《增量突破》书稿的撰写，我再次与资深美的人杨茜联系上，并结识了美的前高管刘欣，开始深度研究美的案例。

一晃半个世纪的时光过去了，美的已经完成了大型家电集团的全面建设，正在转型为现代科技集团，这与百年松下何其相似。

2021 年松下营收 659.71 亿美元，其中海外营收占比为 56.8%；2021 年美的营收 3434 亿元（约为 536.56 亿美元），其中海外营收 1376.54 亿元，占比为 40.1%，可以说，美的的国际化水平已经上了一个新台阶，美的正在迈向全球化。

草根创业如何走向世界？不管从哪个维度看，美的实践都是中国优秀企业的活标本。

从 2016 年开始，连续 7 年跻身《财富》世界 500 强，美的是如何由弱至强、从小做大的？打破一个又一个瓶颈，实现高质量发展，美的如何自我革命、蜕变重生？人狠话不多，悄无声息地实现了多元产业经营，积蓄发展势能，迈向万亿级，美的如何重构组织、升级组织力？

美的改革亲历者刘欣老师的第一本专著会回答上述问题。

在我看来，美的从草根企业做到世界 500 强，有四大方面值得广大中国企业借鉴：战略驱动，资本助飞，强力硬核，软实力跨越。

战略驱动

美的经历了亿级、十亿级、百亿级和千亿级四大营收量级，正在迈向万亿级，美的业务从零件加工到整机生产，再到提供整体解决方案，美的产品从单品类到多品类，再到产业经营、多产业经营的跨越，正是不同阶段的战略驱动使美的实现了跨量级发展，从个人决策到组织决策，美的"大脑"的战略智慧日臻成熟。

资本助飞

如果说营收过亿、破十亿可以靠单体公司一己之力轻松实现，那么越百亿、进千亿不靠资本战略就难以做到了，资本运营是美的实现跨量级突破和科技转型的关键能力：1998年美的收购东芝万家乐进入空调压缩机行业，2015年美的与日本安川电机成立机器人合资公司，2016年美的收购以色列高创，2017年美的收购德国库卡，2020年美的收购菱王电梯……美的的资本运营持续创造资本增值，一直给资本客户带来合理的分红和稳健的资本回报，在此基础上，美的的资本运营能力节节攀升，合资并购为美的带来有机增长。

强力硬核

美的从小零件加工起家，较早地进入C端产品领域，又及时导入B端业务，根据不同阶段的外部环境，针对在不同量级发展阶段的主要矛盾提出有效的解决方案。

1997年研究所与事业部在美的同时诞生，2011年10月美的成立制冷研究院，2014年美的成立中央研究院，2017年美的开始与库卡、高创等世界级企业协同创新，2019年美的成立智慧生活研究院，2021年11月美的成立软件工程院……美的总是踩着关键节点，在组织改革、人才突破上下足功夫，大破大立，实现营销突破。美的人才范围不断扩张，20世纪60年代用北滘人，20世纪70年代用顺德人，20世纪80年代用广东人，20世纪90年代用全国各地的人，21世纪用全世界的优秀人才，美的是全球人才运营的优秀案例。

组织进化、人才突破、营销突破、制造升级、降本突破、科技突破、品牌突破和数字化突破，这是企业跨量级发展的八大强力硬核，美的半个世纪的奔万亿实践，在这些方面都有可圈可点之处。

软实力跨越

用全球人发展事业，股权激励在美的跨量级突破中发挥了重大作用。根据美的年报，2022年美的四级股权激励计划由上至下已经分别进行到第八期、第五期、第六期和第九期，越来越成熟的激励模式有效地支撑了美的全球人才运营，美的有力地实现了营收跨量级突破。

激励突破、文化升级，这是企业跨量级发展的两大软实力跨越。美的半个世纪的奔万亿实践中，在软实力跨越方面也有非常值得借鉴之处。

技术为基，产品立企。打造冠军单品，成就亿级企业；打造单品龙头，突破十亿营收；打造品类龙头，建设全国品牌，越过百亿门槛；打造产业龙头，多产业经营，锻造全国领导品牌，进入千亿俱乐部——这就是跨量级突破的"牛鼻子"。

在产品品类上，根据奥维云网2021年的销售数据，美的家用空调、干衣机、电饭煲、电风扇、电压力锅、电磁炉、电暖器等七个品类在国内线上与线下市场份额均排名行业第一；微波炉、台式烤箱、净水器国内市占率线上第一、线下第二；冰箱、洗衣机国内线上线下市占率排名第二；电热水器、燃气热水器、油烟机、燃气灶、消毒柜国内线上市占率排名第二。

美的有很多冠军单品，现在的美的是没有争议的产业龙头。走"专精特新"的道路，打造极致产品力，牵住"牛鼻子"，实现跨量级突破，草根创业起家的美的就是我们的"邻家男孩儿"，是我们身边的中国实践。

成为世界级企业、无国界经营、产融结合，正在迈向万亿经济王国的美的也导入了金融业务。实际上，美的的金融业务早在2010年就开始了，2010年5月美的成立佛山市顺德区美的小额贷款股份有限公司，2011年9月成立美的小额贷款股份有限公司，2015年11月成立宁波美的小额贷款有限公司，2017年6月成立重庆美的小额贷款有限公司。而早在2013年美的就入股顺德农商银行。

从营收曲线和时间节点上看，美的的金融业务是在营收突破1000亿元时开始的，当时主要是消费信贷业务。从案例实践来看，消费金融和供应链金融最容易成为由产而融的第一个台阶。

过亿、破十、越百、进千，美的半个世纪的奔万亿实践是中国企业草根创业、跨量级发展的活标本。本书作者从亲历者的角度，深度解读美的不断蜕变重生的痛与快，开卷有益，掩书沉思，本书值得为徘徊跌宕所困扰、有志于产业报国、想要实现跨量级突破的中国企业家们细读。

启势商学董事长、技术导师
祖林
2022 年 8 月 31 日于广州

前言 —— PREFACE

我在美的工作了17年,又做管理咨询近7年,在这期间去过很多企业,几乎都能碰到美的原同事,美的被称为"黄埔军校"的说法名不虚传啊!

除了美的人去到各行各业就自然带去了美的的做法以外,我发现主动借鉴美的管理方法的企业也越来越多,这当然与美的半个多世纪以来保持高增长的过硬业绩密切相关,但是美的成为可学、能学且易学的标杆企业,还有三点主要原因。

出身低微:美的是从最底层爬出来的

美的没有高科技背景的出身,没有大资本的投入,没有互联网的基因,而是从最普通的塑料瓶盖做起,从最传统的家电制造业干起,经历过最惨烈的市场竞争,反复摸爬滚打，从最底层爬上来的。

如果是富家子弟含着金钥匙出生，那我们只能感慨命运不公。而一个穷小子的奋斗经历之所以励志，就是因为对于大多数人来说能从中看到自己的影子。美的在中国企业的发展洪流里，就是这样一个"穷小子"。

方法简单：美的是用最简单的方法干起来的

美的很少创造管理概念，也从来不膜拜复杂新奇的管理方法，却一贯对简单有效的方法非常推崇。

美的始终遵循"有效才是硬道理"这一原则，至于方法是否出自国际主流，是否被教授学者支持，是否被认为前卫，它统统都不在乎。美的坚持使用最适合人性、最简单直接的方法，而且有些方法一用就是几十年，例如事业部制、预算管理、经营责任制、经营分析会、组织变革等。

简单才易坚持，简单才易学习。

自我纠错：美的是在不断自我纠错、不断自我否定的过程中成长起来的

灵活的组织调整、频繁的人事变动、不断的多元化开拓，既带给美的活力与业绩增长，也不可避免地增加了其犯错的概率。

美的在50多年的发展中确实犯过很多错误，如收购客车、盲目扩张等，却能一次又一次化险为夷乃至涅槃重生，这是因为美的在发展过程中形成了强大的自我纠错的方法和能力。我们没法做到不犯错，所以学会自我纠错就变得尤为重要。

即使美的的方法可学、能学、易学，但我仍在很多企业中看到一些错误的学法，例如以偏概全、照猫画虎、机械照搬等，精神确实可嘉，但做法令人惋惜。

那怎样学才是正确方式呢？我在管理咨询过程中，把以大企业为标杆的学习方法总结为"三要三非"：要学小时候的经历，而非长大后的样子；要学底层的管理逻辑，而非表面的管理动作；老板要带头学，而非只让团队学。

基于标杆学习的目的，我没有把这本书写成美的传记，也不去披露什么内幕传闻，而是专注于探求美的发展的管理逻辑，寻找出美的在长期处于完全竞争的市场环境中，到底做对了什么才脱颖而出。一个"穷小子"的逆袭不可能只靠理想与情怀，美的是极其典型的依靠平凡的人做出不平凡的事，用简单打败复杂，用务实打败花哨，用创新打败保守，用变革打败平庸。

我作为美的曾经的内部人，现在又做了几年外部人，从内外两种视角进行审视和思考之后，越来越深刻地体会到美的那些简单高效的管理逻辑，没有高不可攀，没有故弄玄虚，更没有随波逐流或人云亦云，而是正如美的自身所形容的那样：从一粒种子到一棵大树，始终在坚定生长。根深才能叶茂，茂盛的枝叶是其超过 3000 亿元的营收，深厚的根基则是其坚定的管理逻辑。

本书的开篇（运营之轮）是总纲，讲述美的拉通战略、管控、业务从而实现卓越运营的大逻辑。战略篇（第一章到第三章）介绍美的在战略、文化、变革方面的管理动作与逻辑，管控篇（第四章到第七章）重点分析美的在机制、人才、资财、营运方面的管理方法，业务篇（第八章到第九章）主要说明美的各业务环节在实现协同和提效方面的关键做法。

关于如何向标杆企业学习以取长补短，何享健曾说过："我会不断地思考问题，一有空就不停地想问题，反思自己是否犯错，有些问题人家是怎样解决的，人家是怎样思考的，然后思考我们应该如何去调整变革。"我希望通过本书，能够对美的简单高效的管理逻辑进行挖掘和总结，让大家看到美的身上的平凡与不同，从而帮助更多的中国企业不断成长。

2022年8月1日于广州

目录 —— CONTENTS

推荐序一
推荐序二
前　言

开篇：运营之轮

第一节　规划与执行的鸿沟是什么　/2
第二节　"大运营"拉通战略、管控、业务　/5
第三节　轮子好造，转起来难　/21

战略篇

第一章　战略之眼　/28

第一节　从未停止的多元化　/28

第二节　总成本领先，升了三次级　/41

第三节　科技领先战略的底气　/53

第四节　国际化，一个稳字走了近 40 年　/71

第二章　文化之魂　/86

第一节　搞定文化：人狠话不多　/86

第二节　变革文化：停不下来的鲨鱼　/99

第三节　接地气文化：做企业不需要光环　/104

第三章　变革之心　/110

第一节　组织不动，变革没用　/110

第二节　打破增长的 3 块天花板　/124

第三节　数字化转型，爬了 5 级台阶　/132

管控篇

第四章　机制之根　/148

第一节　管理机制：何享健造了一座结果导向的钟　/148

第二节　治理机制：要命的顶层设计　/162

第五章　将帅之路　/176

第一节　如何打造职业化团队　/176

第二节　毕业生如何成长为总经理　/184

第三节　HR，既当好人，又当坏人　/192

第六章 资财之力 /204

第一节 "强势"的财务 /204

第二节 让资本外力成为他律和助力 /218

第七章 营运之道 /234

第一节 营运部门是做什么的 /234

第二节 营运的三个抓手 /242

业务篇

第八章 协同之智 /250

第一节 "三根针"成为拉通业务的龙头 /251

第二节 632项目实现"三个一" /259

第九章 效率之核 /272

第一节 T+3模式，美的"易筋经" /273

第二节 MBS，做得最好的一次精益 /290

致谢 /301

参考文献 /303

开篇：运营之轮

第一节　规划与执行的鸿沟是什么

古语说得好:"靡不有初,鲜克有终。"

企业领导者往往都有宏大的目标,也非常愿意坚持,但为什么企业的执行情况与年初的规划仍然相差巨大?规划与执行的鸿沟到底是什么?

外部环境当然是不可抗拒的客观原因,但如果仅仅归因于外的话,对企业的改善毫无益处,所以我将焦点放在内部。

多年的企业管理经历令我发现,规划与执行的鸿沟,不在于规划的人细不细致,也不在于执行的人重不重视,而是在于从规划到执行的过程中,是否形成了强有力的运营之轮在推动企业前行。如果没有不断转动的运营之轮,而只靠个人的权威和力量,企业仍然会出现停滞不前、动作变形、效果打折等不利局面,也就难以跨越鸿沟。

从规划到执行,贯穿始终是运营。从想到到做到,坚持运营有长效。

货如轮转远远不够,要让企业的运营也如轮转,而且要像一颗星球一样,不仅围绕着市场和客户"公转",也要形成"自转",这样才能周而复始、生生不息。

这里所说的运营,与电商企业常说的客户运营、社群运营、产品运营不同,也与教科书中偏重生产交付的供应链管理不同,而是一个更大的概念,泛指企业整体的经营管理活动,涵盖从规划到执行的全过程,更接近迈克尔·特雷西和弗雷德·威斯玛所提出的卓越运营、贴近顾客、产品领先这三种战略之一的卓越运营概念。

很多客户问我,为什么美的执行力很强?不少人会说主要是靠人,因为美的能找到很多优秀的人。然而实际情况并非如此,不是因为美的人和别人有什么本质上的不同,而是美的能通过运营之轮的高速旋转,让组织里的人坚决执行、项目快速落地。所以即使美的人员流动很大,但企业仍然保持了很强的执行力。

我们从货物效率、资金效率、流程效率、信息效率这四个方面来看一下美的整体运营的表现。

- **货物效率**

我用存货周转率来衡量这一方面,根据国资委2021年发布的《企业绩效评价标准值》,2020年家电制造行业存货周转率平均值为4.1次,良好值为5.3次,格力和海尔这一数据分别为4.78次、5.11次,美的为6.7次。

2022年,由于受到新冠疫情等因素持续影响,三巨头的存货周转率都有所下降,分别为格力3.45次、海尔4.11次,美的5.67次,美的依然领先。

- **资金效率**

我选取现金周期来衡量这一方面,现金周期的数据越小,说明资金效率越高。根据2022年财报,美的现金周期为2.1天,海尔为20.7天,格力为44.6天。美的的资金运营效率更优。

- **流程效率**

流程主要有业务流程和管理流程。业务流程的效率很大一部分体现在前面提到的存货周转率,此处不再重复。我们来看管理流程的效率,以单节点审批为例,美的从原来的考核 24 小时完成流程节点的审批,到后来的 12 小时、8 小时、4 小时,最严格考核要求在 2 小时内完成每一个节点审批。美的流程效率之高,让一些互联网大企业都觉得惊讶。

- **信息效率**

这里主要指获取数据的效率。例如要召开 10 月的经营分析会,很多企业到 11 月中下旬才能整理完 10 月的数据资料。可以想一下:这个月都快过完了,才开上个月的经营分析会,意义还有多大呢?这都是信息效率过低导致的。

美的 10 年前就做到了本月初开上个月的经营分析会。随着这几年数字化落地,美的已经做到了各类经营数据的实时获取。

美的能实现卓越运营,不是一两年之功,也不是靠突破一两个点,而是通过长期实践、优化、升级再不断循环后,这个运营之轮才越转越快。令人兴奋的是,美的运营之轮形成时间虽长,但并不复杂,相反其底层的管理逻辑非常简单,易于理解和操作。

第二节 "大运营"拉通战略、管控、业务

在美的17年的经历中,我负责过营运和人力资源,后来转型做过外销业务,中间还杂七杂八地管过计划物流、海外采购等,在变革中不断地被抛来抛去,也历经了多次大大小小的起起落落,算是对美的的管理和业务都有涉足。

根据近20年的经历和理解,我认为可以把美的的运营分成"大运营"和"小运营"。大运营,是指美的如何拉通战略、管控、业务这三方面,以及这三方面是如何运作的;小运营,是指美的的营运部门如何开展工作。

1. "大运营":战略、管控、业务的相通相生

虽然美国商学院关于运营管理的最新书籍已经出到了第15版,但我不想套用里面的任何理论,还是立足于亲身经历的企业实践来谈运营管理。不过,其中有一句话说得很到位,"运营发生在每个企业组织中,是企业组织的核心内容"。

运营贯穿企业活动全过程,必然涉及战略、管控、业务这三方面,可以说是每个企业都绕不过去的内容,但是这三方面又很容易被割裂对待,导致有分工无拉通,虎头蛇尾有始无终。

美的是如何拉通这三者,从而形成运营之轮的呢?

图0-1表明了美的"大运营"中,战略、管控、业务三

者之间的关系。

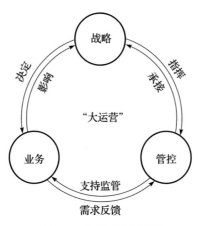

图 0-1 美的"大运营"

战略位于最顶层,左边决定业务,右边指挥管控。

业务在开展过程中,会碰到多种情况,有可能遇到困难或直接碰壁,也可能按预期发展或碰到大机会,这些都会反过来影响战略。因此,美的的战略是动态的、弹性的。美的的管控部门扮演着非常重要的角色,向上承接战略,同时基于战略对业务进行支持和监管。

在美的,业务和管控之间的关系不是"相爱相杀",不是彼此对立,更不是简单地谁必须服从谁,而是在相同的战略目标下,分工之后的再合作。

在过程中,业务对外部和内部的需求不断进行反馈,以期克服困难、抓住机会。管控部门在与业务部门的互动中,一方面提供支持服务,帮助业务更好地克服困难、抓住机会，另一方面基于整体战略，对业务进行监管，避免业务的偏离和怠惰，从而推动业务持续领先。

这是美的大运营中，战略、管控、业务三者的基本关系。

接下来，我们再逐一看看战略、管控、业务在美的各自是如何运作的。

2. "大运营"之战略简化

战略，也许有十大流派、二十种做法，也可以使用波特五力分析、波士顿矩阵、安索夫矩阵、平衡记分卡、BLM、BEM 等，战略工具箱可以越装越满。但是美的从来都是把高深复杂的东西简化再简化，对战略也不例外。

战略对于美的来说，被最大限度地简化成三个方面：方向、目标、重心，并以强大的文化为内核（见图 0-2）。

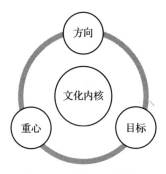

图 0-2 美的"大运营"之战略简化

- **方向**

2014 年之前，美的坚持在白色家电领域深耕，这就是长期以来的一个战略方向。

2014 年，方洪波正式提出"双智战略"：智能制造、智能家居，也是战略方向。

2021年,科技化、数智化上升为美的的战略方向。

战略,就是要先把指引方向的大旗举起来,让所有人看到往哪里走,这是美的在战略上解决的第一个问题。

- **目标**

创始人何享健在2000年美的销售额突破100亿元的时候,提出5年内要做到500亿元。

2005年美的销售规模达到470亿元,眼看500亿元唾手可得,何享健再次提出2010年突破1000亿元。

2010年美的如期突破1000亿元,何享健又提出5年后再造一个美的。

2018年美的50周年庆典上,何享健再次公开提出"双5000亿"目标,即销售超过5000亿元、市值超过5000亿元。

这些都是具体的长期战略目标,每次提出这些目标,美的人就知道接下来要有大任务了。美的在战略目标的设定上永远保持一种"这山望着那山高"、不断攀登新高峰的状态。

敢设大目标、敢冲大目标,这也是美的在战略运营上的一大特色。

- **重心**

没有重心的战略,不能称其为战略。还有一种更直接的说法:战略就是取舍。

美的在不同的发展阶段具有不同的战略重心。在家电市场群雄逐鹿、跑马圈地的早期，美的在内部会强调"适度利润下的规模最大化"。

在某个品类如风扇、空调、电饭煲等发展较早的品类的规模达到一定程度之后，在后来的一些年份里，美的会将战略重心调整为"适度规模下的利润最大化"。

2011年下半年开始，整个美的集团从追求规模转向追求利润，追求经营质量。

这些是美的平衡规模和利润时，战略重心所发生的变化。

战略重心除了体现在对规模、利润这类财务结果的追求以外，也体现在对经营管理的工作侧重上。

美的2011～2020年的三大战略主轴"产品领先、效率驱动、全球经营"，就明确了产品、效率、全球化这三大战略重心。

2020年12月30日，美的将三大战略主轴升级为四大战略主轴，即"科技领先、用户直达、数智驱动、全球突破"，这不是简单的三变四，而是战略重心发生了重大变化：从产品升级为科技，从效率升级为数智，从以企业经营为主转变为以用户为中心，全球化则从现有的经营升级为未来的突破。

美的在方向、目标、重心这三方面，都采用简单明了的战略表述，就是要让全体员工都清晰地知道：未来的方向在哪里，要达到什么样的目标，当前的重心是什么。

在启动之初,简单清晰的战略就为管控和业务两条线毫不含糊地挥动了指挥棒,敲响了定音锤。

- **文化内核**

美的在战略长期演进的过程中,形成了强大的企业文化。虽然美的人很少谈企业文化,但恰恰是这种少说多做、只谈结果的低调表现,非常显著地证明美的打造出了以结果为导向的务实文化,以及为了完成目标不断自我否定的变革文化。

这些文化诞生于美的高速发展的过程中,并凝结成强大的企业内核,成为企业战略实现的巨大内力。

3. "大运营"之管控简单

管控在很多企业会走极端,要么高高在上脱离业务,要么可有可无不受重视。美的对待管控没有走这两个极端,而是有自己的理解和操作。

从外界视角来看,美的以事业部、分权、变革、职业经理人等管理机制著称,但是在内部没有设置繁重的管控部门,也没有让业务部门觉得管控过重而束手束脚,甚至动弹不得,相反管控还能给予业务很大的支持和服务。所以,这里所说的管控,并非只是监督和控制,实际上还包含相应的支持和服务职能。

一句话概括:美的重视管控,但没有让管控变重。这是因为美的不是用人盯人的方式来做管控,而是通过建立机制让机制发挥作用。这使得美的内部形成了非常关键的基本共识：管控要服务于经营，管控要追求简单有效。一旦发现组织冗余或管控复杂，就会发动变革来削减组织和简化管控。

轻车简从、简单有效，美的的管控颇有一种"四两拨千斤"的味道。

落实到具体职能上，美的管控有三大抓手：人力、财务、营运。其中的营运部门，就是我们前面提到的与"大运营"相对应的"小运营"。虽然在事业部层面经常把"营运"与"人力"合并成一个部门，但实际工作中二者还是相对独立、各有侧重。

这三大管控部门以机制为内核，分别从人、财、事三方面承接企业战略，对业务进行支持和监管（见图0-3）。

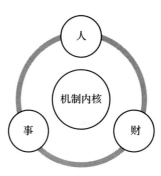

图0-3 美的管控三大抓手

- **人力**

人力资源工作，顾名思义是侧重于人员方面的管理工作，但这个顾名思义是有问题的，我看到一些企业的人力资源部门，很多时候忙于做员工的绩效考核等工作，这实在是本末倒置。

设置人力资源部门，出发点实际也是承接战略，工作的顺序应该是组织、团队、个人，而不是一说人力资源工作就是从员工管理开始。

做过人力资源工作的都知道人力资源管理有六大模块，其中第一大模块就是人力资源规划，而这个人力资源规划，就是先从组织设置、干部管理、人才配置等组织的角度来承接企业战略。

以绩效考核为例，美的人力资源工作在这方面的重心，一直以来都是组织绩效大于员工绩效，而事业部总经理是最能代表经营组织的，所以对总经理的绩效考核就是重中之重。美的的年度经营目标责任制中主要就是考核总经理，其次是管理团队，最后才是对员工的绩效打分，而所有人的绩效最终都要和组织绩效挂钩。

美的人力资源部门还需要承担类似人均销售、人均效率、人工成本等指标，这样人力资源部门就不能只是简单控制编制、搞培训，也需要深入了解业务，提前做好组织设置、人员规划、激励政策等，从而最大限度地支持业务部门达成目标。

- **财务**

美的财务部门，首先通过全面预算将年度经营目标用财务语言进行量化分解；在具体的经营过程中，还要全面参与各项业务，不断进行分析并提出预警。所以，美的财务是经营财务，是管理会计，财务部门是与业务深度绑定的、业财融合的管控部门。

业务部门必须承担经营指标，这很好理解。但在美的，管控部门的考核指标也与经营指标直接挂钩。

例如,美的财务部门的考核指标中包含营收和利润等指标,而且考核权重还不低。按理说,营收应该考核各收入中心,利润应该考核各利润中心,财务部门既不是收入中心也不是利润中心,为什么也要承担这些指标呢?

我的回答是,老板都希望财务能深入业务,能做到真正的业财融合,但这只是一种管理愿望,最多算是管理要求,要真正做到是需要进行管理设计的,而这种考核指标上的挂钩关联,就是一种管理设计。

美的财务部门承担了经营指标后,就不会只在乎自己的账做得准不准,也不会只盯着业务报销的费用对不对,而会想方设法深入业务之中,非常重视成本的变化、产品的销售、价格的走势,就会与产研销等业务部门联动起来。此外,再结合其他的一些管理设计,财务部门发挥的管控作用就会越发有效,这方面内容将在第六章中详细说明。

- 营运

营运部门是一个很有美的特色的管控部门。

在很多企业中具备相关职能的部门有战略部、企划部、管理部、经管部等不同叫法,美的也用过这些名字,不过演变到后来还是固定成了营运部门。

营运部门相当于"大内总管",但这个"大内总管"不是处理行政后勤事务,而是要有"上天入地"的能耐。

"上天"，要能经常站在总经理或总裁的高度，从企业战略出发，对投资、经营、流程、制度等各方面进行分析评价，及时发现问题并推动改进。

"入地"，要能下到终端、走进车间、去到一线，能通过企业的"神经末梢"看到总经理看不到的问题，同时还要最大限度地进行统筹协调。

美的的营运部门就像排球队里的自由人，哪里有问题就扑向哪里，然后还要像教练一样，想办法从根源上解决问题。关于营运方面的内容在第七章中还会重点介绍。

- **机制内核**

美的创始人何享健曾说："美的能成功，最主要的原因是解决了机制的问题。"

不论是治理机制还是管理机制，美的都大胆地走在了前面，也依靠机制成功完成了交接班，这在国内是非常少见的。

由此可见，机制对于美的来说至关重要，甚至生死攸关。毫不夸张地说，美的几乎所有的经营活动和管理行为背后都有机制在发挥作用，这也是美的如此看重机制的原因，也使得机制成为美的无可争议的管理内核，第四章中会集中阐述这方面的内容。

4. "大运营"之业务简捷

关于业务，我们经常听到的是业务价值链，但我更愿意将其形容为业务价值环。因为业务的开展并没有结束的终点，而是在循环往复地进行。

美的主业是制造业，如果学不了戴尔那种外包模式的话，制造企业注定是环节众多的。如图0-4所示，美的的业务价值环可以分为七大环节，并以效率为内核。美的所面对的竞争早已不是某一两个环节的竞争，而是全环节的竞争。谁能快速打通全环节，实现全环节的高效，谁就能立于不败之地。

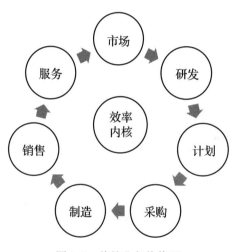

图 0-4 美的业务价值环

按照一些消费者的认识，美的也许在服务上不如海尔，在质量上逊色于格力，在研发上比不过华为，在市场研究上不及小米，可以说美的在业务价值环中没有十分突出的长板，但关键在于美的也没有非常明显的短板，这是因为美的围绕效率内核,追求全环节的简单快捷,正所谓"天下武功,唯快不破"。

这里我不去具体谈市场、研发、制造等每一个环节,重点要说的是美的整体业务如何形成高效运营的闭环。

组织中一个常见的现象是,部门内部很好协调,但是一旦跨部门就往往会出问题。也就是说,分工之后各部门负责的工作不会出大问题,但是协同时就经常会出现问题。

美的在这方面是如何解决的呢?

2012年之前,美的各部门之间的协同运营主要靠三个方面:考核联动、激励相容、总经理负责。

- **考核联动**

在事业部整体的年度目标下,各部门之间的KPI考核指标各有侧重但又相互关联。

例如,研发部门不仅考核开发进度等直接相关指标,还会考核新品的销售业绩,这样就与前端营销部门关联起来。

营销部门不仅考核销售业绩和回款情况,还考核销售计划准确性、成品库存等指标,这样就与计划、采购、生产等后端部门关联起来。

计划部门不是考核排产的及时或快速与否,而是考核订单交付的及时性和准确性,这样为保证正常滚动出货,就以计划为龙头拉通营销、采购、生产、仓储、物流等环节,如果涉及新品订单,还会关联研发。

- **激励相容**

与考核密切相关的就是相应的激励。

美的对事业部激励的大前提是事业部要完成整体经营业绩，只有在这种情况下，才能谈到管理团队的激励以及各部门的激励，这时候各部门考核指标完成情况才有意义，说白了就是"大河有水小河满，大河无水小河干"。

在美的不存在事业部没完成整体经营业绩，但是某个部门还能获得很多奖金的情况。

年度目标责任制是一种总奖金包的激励机制。在这种激励机制下，各环节都是一荣俱荣、一损俱损，一起承受高压力，一同享受高回报。这就使得各部门之间的甩锅推诿变得毫无意义。因为大家只有一起实现经营结果，才能享受回报，只有都奔着最终结果完成才是真正有意义的。你给我甩个锅，或者我给你挖个坑，并不能给自己带来好处，相反只会损害共同的利益。损人不利己，终究不划算。

美的的激励相容就是通过"利出一孔"实现了"力出一孔"。

- **总经理负责**

即使做到了考核联动和激励相容，实际工作中还是会存在部门之间因为立场不同，导致难以协同的情况。

例如，营销急于出货，品控抓住一个外观瑕疵坚决不放；面临"双十一"但是新品上市进度紧张，能否跳过某个评审环节；十几条生产线等着物料上线开工，但是个别来料不合格,是挑选使用、让步接收,还是全部退回、停工待料,诸如此类不胜枚举。

太多的实际情况不是仅靠协同就能解决的,很多时候还是需要最终的决策,并形成内部的"游戏规则"。

这时候,美的各事业部的总经理就承担着非常重要的角色,为保证经营的连续高效,需要经常站在全价值环节的高度进行拍板,并对决策结果承担最终责任。美的是分权的事业部制,事业部总经理是真正的经营者,也是拉通业务、保证高效运营的核心人物。在这种分权机制下,一旦事业部总经理进行了决策,各部门就要放下争议直接执行。

2012 年美的启动 632 项目之后,业务之间的高效运营又被注入了一种强有力的做法,即流程贯通。

- **流程贯通**

如果说考核联动、激励相容、总经理负责这三种做法偏向人的方面多一些,那么流程贯通就是从事的方面、从业务底层进行了打通。

美的用了近两年时间对各个业务流程和管理流程进行了全面彻底的梳理优化,之后又用近两年时间实现 11 个 IT 系统的全面上线,可以对业务运营的全局进行实时掌控,如图 0-5 所示。后期,美的能再次实现数字化的深入和升级,都与这个阶段的流程贯通息息相关,第四章和第八章会对此做进一步的介绍。

至此,美的大运营步入了数字化时代。

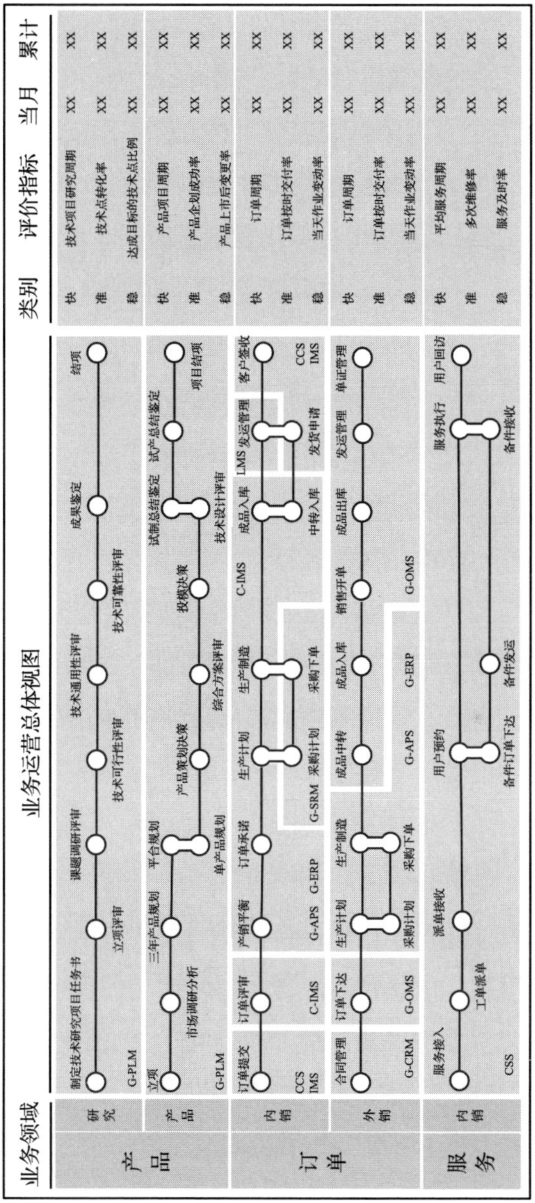
业务领域
业务运营总体视图
类别
评价指标
当月
累计
产品
研究
制定技术研究项目任务书
立项评审
课题调研评审
技术可行性评审
技术通用性评审
技术可靠性评审
成果鉴定
结项
G-PLM
产品
立项
市场调研分析
三年产品规划
平台规划
单产品规划
产品策划决策
综合方案评审
投模决策
技术设计评审
试制总结鉴定
试产总结鉴定
项目结项
G-PLM
订单
内销
订单提交
订单评审
产销平衡
订单承诺
生产计划
生产制造
成品入库
LMS 发运管理
客户签收
采购计划
采购下单
中转入库
发货申请
CCS IMS
C-IMS
G-APS G-ERP
G-SRM
C-IMS
CCS IMS
外销
合同管理
订单下达
生产计划
生产制造
采购计划
采购下单
成品中转
成品入库
销售开单
成品出库
发运管理
单证管理
G-CRM
G-OMS
G-APS
G-ERP
G-OMS
服务
内销
服务接入
工单派单
派单接收
用户预约
备件订单下达
备件发运
服务执行
备件接收
用户回访
CSS
快 技术项目研究周期 XX XX
准 技术点转化率 XX XX
稳 达成目标的技术点比例 XX XX
快 产品项目周期 XX XX
准 产品企划成功率 XX XX
稳 产品上市后变更率 XX XX
快 订单周期 XX XX
准 订单按时交付率 XX XX
稳 当天作业变动率 XX XX
快 订单周期 XX XX
准 订单按时交付率 XX XX
稳 当天作业变动率 XX XX
快 平均服务周期 XX XX
准 多次维修率 XX XX
稳 服务及时率 XX XX

图 0-5 业务运营总体视图

内容小结

如图0-6所示,美的"大运营"拉通了战略、管控、业务。

战略简化,以文化为内核,简化为方向、目标、重心。

管控简单,以机制为内核,三大抓手为人力、财务、营运。

业务简捷,以效率为内核,通过考核联动、激励相容、总经理负责、流程贯通,实现高效闭环。

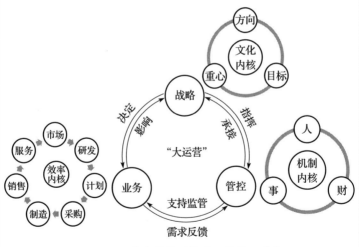

图0-6 运营之轮拉通战略、管控、业务

第三节　轮子好造，转起来难

美的"大运营"的管理逻辑看上去并不难，只要是在企业做过战略、管过运营、负责过全盘的人都比较容易理解。我在很多企业也看到不少类似的工作，然而效果却不如人意。那为什么美的在实践中不仅能够打造运营之轮，而且能够令其高效转动呢？

这是因为美的在过程中始终把握住了四个要点：简单、扎实、持续、灵活。

● **简单**

有些人曾说美的删繁就简的能力强，而我则认为美的是天生排斥复杂、追求简单。美的从高层到基层都崇尚简单。我们原来在内部经常说一句话："简单粗暴，直接有效。"

美的不在乎自己的做法是否源于某个专业人士的理论，也不在乎哪个工具是否师出名门，只关心它们在自己内部是否有效。这种务实的风格使得很多工具方法到了美的之后，经常被简化成最直接的做法。

例如，有些企业在使用的 8D 报告在美的很少应用，美的会将其简化成"问题—原因—解决方案"三个步骤。

再如，2005 年美的请华信惠悦做人力资源咨询后，整套方案最后简化成 MPAO 四类职类，后来简化成 MPO 三类，2020 年更是简化成只有职级、没有职类了。

2013 年，美的请麦肯锡做流程项目，也是将其方法论根据美的实际,在后期做了大量内化和简化的工作。

这些只是列举了集团性质的大项目,对于很多具体的工作,美的更是直奔问题、直奔结果,能搞简单绝不搞复杂。

简单的,才是美的。也只有简单的,才是能被执行的,才是易被坚持的。

- 扎实

经常有客户问我:"你说的美的那些动作,我们也一样有做,为什么效果不好呢?"

每次碰到这种问题,我都要先进行确认:"我相信你说的'有做',但你能确定'一样'吗?"

举一个常见的例子,对于工作失职的责任追究,很多企业的做法千差万别。

我记得十多年前在美的,当时事业部的一个采购员弄丢了一张150万元的供应商发票,根据财务制度要按照1%的金额处罚责任人,但是一次罚15 000元,这位采购员都快哭了。后来由采购经理出面承担了9000元,采购员自己承担了6000元,总金额还是按1%罚下去了。采购员接受了教训不说,还因拖累采购经理一起受罚而倍感内疚,之后工作更加细心认真。

其他企业里类似情况发生的时候,基本很少追究采购员的直接责任,最多就是经理口头警告两句,如果部门能出个书面通报的话都算是认真惩罚了,往往都是直接让供应商重开发票。哑巴亏都是供应商吃,公司做法依旧。

做扎实，不是说有制度就行，也不是说有动作就可以，更重要的是有没有按制度、按目标做到位，做出结果为止。

美的在内部明确了目标和任务后，基本都能做到目标有人担，任务有人跟，错误有人追。

做扎实，比做得多和做得快更重要。

- **持续**

简单的事情做一两次确实不难，但是能够长年累月，持续做三四十年，却真的不简单。有句话说得好，人们往往高估一年的变化，却低估五年的变化，更何况数十年的变化。

以经营分析会为例，美的从20世纪80年代开始坚持至今，长达四十多年，除了春节每个月都不间断，其效果不言而喻。

我和很多企业都沟通过经营分析会的做法，企业通过这样一个重量级的会议，集体定期做分析、预警、检讨、改善，90%以上的人都觉得非常有必要开这样的经营分析会。实际上召开经营分析会一点也不神秘，更不是什么太难的事情，不少企业都表示"我们也开过"。

开过？那就是说后来停了。我紧接着问："你们坚持了多长时间？后来为什么停了呢？"

企业的回答是："我们开了半年多，觉得还可以，但后来一忙别的项目，就停下来了。再过了几个月，觉得还是有必要开，然后又捡起来。就这样断断续续，直到最后不了了之。"

简单事情持续做就不简单，持续后的效果才会很可观。

"春种一粒粟"，中间浇水、施肥、杀虫、除草，这些动作不持续的话，是等不到"秋收万颗子"的。

- 灵活

目标坚定，方法灵活。这里所说的灵活是针对应用方法的。

在目标上，美的内部年度目标一旦签订，绝不打折。不论市场是好是坏，是爆发还是骤降，美的都不会对目标进行调整。唯一可以调整的就是执行的方法和手段，所以美的在具体的运营过程中会显得特别灵活。美的种种管理机制始终都是以结果导向为核心，哪种方法有效，就用哪种方法。

前面所说的"持续"是追求结果的持续，但并不会造成美的固守某种方法。相反，为了达成结果，美的还会经常在方法手段上不断进行切换试错，既不背负担，也从不纠结。

例如，在营销渠道建设上，在当地需要进大卖场时，美的无论花多高进场费都要抢好位置；需要自建渠道掌握终端话语权，美的就全体系行动，不到四年自建5000多家专卖店；线上渠道逐渐崛起，美的又立刻全品类积极动作，连续多年"双十一"多个品类销量实现全网第一。

美的的灵活性使其完全不像一家大企业集团。

经常有客户问我："美的做了半个多世纪，规模都3000多亿元了，为什么很少听说美的有像海尔人单合一、华为IPD那种比较系统的方法论？"

出现这种现象正是因为美的的灵活，使得很多实际中的做法看上去都不那么系统，即使像T+3模式、MBS也是近几年才出现的。只要能够达成结果，什么方法都可以为我所用,至于系不系统,美的不太在乎。

我经常形容美的在方法上是"乱拳打死老师傅,自己又不做老师傅"。当然,说"乱拳"有点过了。准确一点的说法应该是,美的不是武术行家而是搏击高手,不在乎门派,不讲究套路,只追求有效。打得过,就一招制敌,直接KO;暂时打不过,就慢慢耗着,一边积蓄实力,一边等对手露出破绽。

你找武术行家,他立刻可以一招一式表演出来。你问搏击高手,他没有固定的动作顺序可教你,他可以告诉你的只有基本的拳法腿法和攻防技巧,更多的是随机应变和多打实战。

武术行家给的是固定套路,搏击高手给的是场景化应对。但我们都知道,市场不是一个表演舞台,而是一个实战擂台。

内容小结

中国人民大学彭剑锋教授曾经这样形容美的:"美的的成功,既不是完全地拿来主义模仿别人,也不是一味埋头苦干自主创新,而是遵循拿来、模仿、创新这样一条路径,形成了具有美的特色的'第三条道路'。"

美的能实现卓越运营,也不是采用了多么高深的理论,而是在多年的实践中摸索出一套符合自身实际的管理方法,逻辑简单,扎实持续,灵活运用。

战略篇

第一章 —— CHAPTER 1

战略之眼

第一节　从未停止的多元化

美的集团现有五大业务板块：智能家居、工业技术、楼宇科技、机器人与自动化、数字化创新。回顾半个多世纪以来的发展，从最初的塑料瓶盖到如今的五大业务板块，美的在多元化道路上一路奔跑从未停止。

虽然感觉美的的多元化有些令人眼花缭乱，但是分析一下就会发现，它的多元化基本都是围绕着白色家电这个战略主航道进行的，图1-1展示出了美的多元化的进化路径，这也能解释为什么在很多家电企业纷纷进入黑色家电、电脑、手机等领域时，美的却一直不为所动。

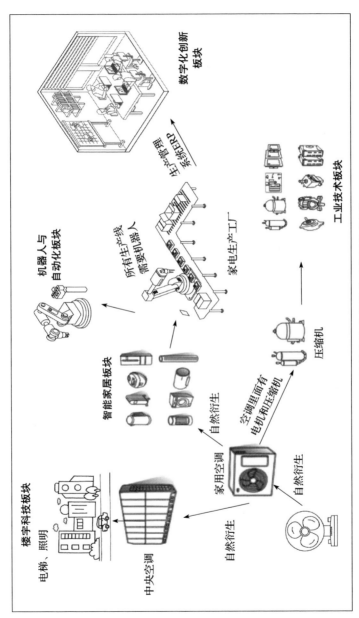

图 1-1 美的产品进化简史(黄剑峰绘制)

从多元化发展历程来看，美的先后开启了家电多元化、垂直一体化、制造智能化、业务数字化、产业科技化的五次进化。

1. 家电多元化

美的现在被贴上了家电巨头的标签，但是在1968年创业之初却是生产塑料瓶盖起家，先后做过五金制品、橡胶配件等，很多都与家电产品无关。当时是为了生产自救，什么能活下来就做什么。直到1980年做出第一款风扇，美的才正式进入家电领域。

实际上当年顺德有裕华风扇，广州有远东风扇等大厂，竞争对手规模已经上亿，然而创始人何享健坚决选择进入家电领域。现在来看，虽然这是一种"跟风"策略，但何享健开启的这条道路却将美的带入了巨大的市场空间。

在小家电领域，美的从最早的风扇起步，通过合资并购或自主开发等方式，不断扩展到电饭煲、微波炉、油烟机、热水器、饮水机、电磁炉、洗碗机、净水设备、吸尘器等众多品类，构建了庞大的小家电产品群。

在大家电领域，美的早在1985年进入空调行业，1999年上马中央空调项目，2004年先后收购华凌与荣事达进入冰箱行业，2008年收购小天鹅进入洗衣机行业。至此，白色大家电布局完成。

美的在白色家电领域，把横向到边的多元化战略演绎得淋漓尽致。

2. 垂直一体化

在家电多元化的发展过程中，美的并没有满足于横向品类的扩张。

为了摆脱主要品类在核心部件上受到的制约，美的一直在寻找机会对上游核心部件做垂直一体化整合，最主要的体现就是空调产业链和微波炉产业链的形成：

- ❑ 1998年收购东芝万家乐，进入空调压缩机领域，形成空调产业链。
- ❑ 2001年收购三洋磁控管，之后又成立变压器公司，形成微波炉产业链。

美芝压缩机、威灵电机、美的磁控管伴随终端产品的快速发展，销量常年位居行业第一。

美的能完成产业链垂直一体化的进化，得益于何享健的战略思想。

他曾这样说过："产品多元化，还要推动产业链。我们今天的空调搞这么大，没压缩机怎么办？所以当时（1998年）压缩机（指东芝万家乐）要卖时，我肯定买！要搞微波炉磁控管，谁赞成我？很多人说没钱赚、很艰难的……为什么搞，因为产业链扩张是我们的需要，一定要搞。"

3. 制造智能化

如果说家电多元化是开启终端产品横向到边的进化，垂直一体化是开启产业链纵向到底的进化，那么制造智能化则是开启制造体系内向升级的进化。

2012年以前，美的在发展之路上多是眼光向外。自2012年方洪波接管美的之后，在全集团明确"产品领先、效率驱动、全球经营"三大战略主轴，美的更多地将眼光向内，反躬自省。

2014年，方洪波还明确提出"智能制造＋智慧家居"的双智战略。为实现智能制造，美的2015年与日本安川成立机器人合资公司，2016年收购以色列高创，2017年大手笔收购德国库卡，全面进入机器人与自动化业务领域。

通过制造智能化的开启，美的不仅在自己的制造端打造了五家灯塔工厂（空调南沙工厂、微波炉顺德工厂、冰箱荆州工厂、洗衣机合肥工厂、厨热顺德工厂），也使得To B业务逐步扩大。

截至2022年年底，美的机器人与自动化系统收入达到299.28亿元，机器人使用密度已达到500台/万人，并将在未来两年内进一步加大投入以实现700台/万人的目标。

4．业务数字化

2012年开始，美的除了在硬件设备上大量投入机器人进行制造智能化升级以外，还在整个业务价值环节的软件系统上进行了流程与IT的数字化改造。

通过632项目的实施、T+3模式的落地，美的创造了劳动效率提高28%、单位成本降低14%，以及订单交付期缩短

56%的卓越运营表现。

尝到甜头的美的,在业务数字化的道路上,10年来投入了170亿元,不断建设工业互联网平台,以T+3模式为牵引打通线上线下,实现了全价值环节的数字化运营、智能排产、工业AI、全流程数字化物流管理,以及互联网数据SaaS平台共五大维度的结合。

业务数字化在内部的成功开启了新的进化,美的在此基础上推出了一系列平台化产品,包括为企业数字化转型提供软件服务的美云智数、提供无人零售解决方案的美智科技、提供渠道变革整体解决方案的安得智联等。

2022年,美的数字化创新业务规模超过83亿元,客户涉及地产、汽车、服装、农业、超市、酒业等众多行业。

5. 产业科技化

2020年12月30日,美的将三大战略主轴升级为四大战略主轴,第一个就是将"产品领先"升级为"科技领先",以科技替代产品。

2021年2月1日,美的又将使用了20余年的广告语"原来生活可以更美的",升级为"智慧生活可以更美的"(见图1-2),以科技塑造智慧的转变不言而喻。

2021年5月18日,美的发布新能源车五大核心部件:驱

图1-2 美的Logo和广告语

动电机、电子水泵、电子油泵、电动压缩机和EPS电机。

这一次美的吸取了2003年"折戟客车"的教训，没有从整车进入，而是选择了从部件产品进入，并且在之前已经有3~5年的积累，拥有了6000多项专利后才官宣。这是以科技切入新产业的大动作。

钱是最诚实的战略。企业的钱投在哪里，说明战略重心就在哪里。

我们再来看2014~2022年美的的研发投入（见图1-3），从2014年的45亿元到2022年的126亿元，累计达到784亿元，说明美的是将真金白银投入在了研发领域。

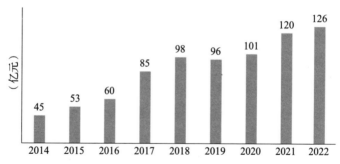

图1-3 美的2014~2022年研发投入

资料来源：美的年报。

近年来的各种新动作已经非常清晰地表明，美的正在往产业科技化的方向进化。

6. 为什么美的能不断进化

不论是第二曲线的开启，还是不断进化的前行，说起来容易做起来难。但为什么美的在过去半个多世纪里,能开启并推动五次进化?

主要有四点原因:"自我否定"的精神内核、"数一数二"的战略思想、分权的事业部运作机制、围绕核心能力的跳跃式加法。

(1)"自我否定"的精神内核。

方洪波在美的集团2020年度大会上,不断强调"美的要进行自我否定,彻底地否定""美的没有东西可守""一切都在剧烈重构""美的不能成为旧势力的陪葬品"……

这种"自我否定"的精神内核,和创始人何享健在20世纪80年代就提出的"唯一不变的就是变"一脉相承。

美的先后突破10亿、100亿、1000亿、2000亿、3000亿规模门槛,但不论取得多大成就,当家人都不会沉湎于过去的成功,也不会去维护大企业的架子,更不会宣传自己不可动摇的正确性,相反却是始终把自己看小,不断放下面子、放下身段,不断"归零"。这种敢于抛弃过去、随时放下重来、主动迎接变化的做法,已经成为美的的精神内核。

提出第二曲线的查尔斯·汉迪认为:"第二曲线只会来自破坏性创新。"破坏性创新之难,正是由于自我否定之难。

美的自我否定的精神内核,不仅沉淀成为企业文化,也催生了破坏性创新,才使得美的能够不断进化。

(2)"数一数二"的战略思想。

何享健最早学日本企业,后来转向学西方企业,其中最让何享健感兴趣的西方企业就是通用电气。虽然通用电气今天走向分拆重组,但其很多战略思想和管理方法并不落伍。

"数一数二"战略就是杰克·韦尔奇在位时,通用电气最成功的战略之一。

从图 1-4 和图 1-5 中,可以看出美的主要家电产品不论是在线下还是线上,所取得的市场地位都体现出"数一数二"战略,何享健对这一战略思想的学习与使用,同样可以写进教科书。

我们现在看到的产品,已经是美的在"数一数二"战略下胜出的品类,对于不符合这一战略思想的客车、电动剃须刀、太阳能热水器、浴霸等产品,美的早就自己动手主动砍掉了。

正是由于对"数一数二"战略思想的坚持,才使得美的没有陷入盲目无序的多元化发展中,相反在这过程中,美的不断挑战企业的管理边界和能力极限。

如果事不可为,就果断收缩;如果可以突破,就加快步伐。

(3)分权的事业部运作机制。

克里斯坦森在《创新者的窘境》中,对于如何成功开启第二曲线给出了他的解决方案:"除非成立了在组织结构上完全独立的机构来设计新业务和新产品,否则原有成熟企业将遭受重创。"

对于新业务,美的往往会成立新的事业部,重起炉灶另开张。新的团队、新的思路、新的打法,没有原有的路径依赖。

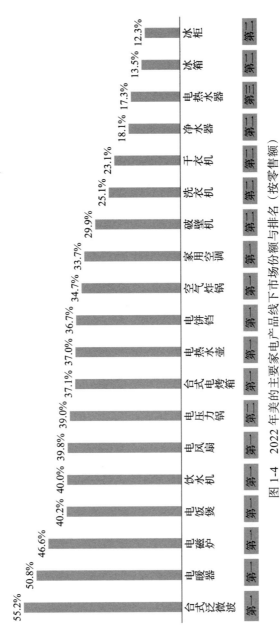

图 1-4 2022 年美的主要家电产品线下市场份额与排名（按零售额）

资料来源：美的 2022 年年报。

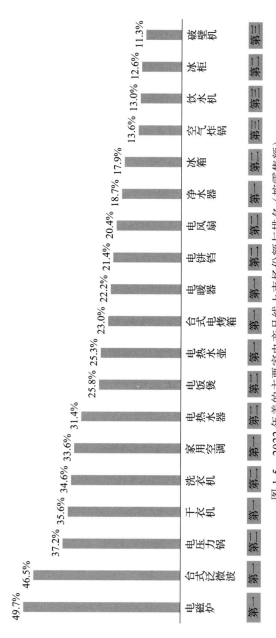

图 1-5　2022 年美的主要家电产品线上市场份额与排名（按零售额）

资料来源：美的 2022 年年报。

美的分权的事业部运作机制,恰好符合了克里斯坦森的说法,既解决了新业务专业化运作问题,也保证了新业务不会与原有业务相互影响,这才使得成长与进化同步进行。

(4)围绕核心能力的跳跃式加法。

美的所有的进化都不是凭空出现的,不论是多么新的业务,都是从原有业务里长出来的,美的每一次进化都是围绕着核心能力所做的加法。

非常关键的是,美的的核心能力并非一成不变,同样也实现了进化升级,这个过程走过三个阶段:规模→效率→技术。随着核心能力的进化升级,整个多元化的进程就表现为一种围绕核心能力的跳跃式加法。

- "家电多元化"与"垂直一体化",围绕着"规模"这个核心能力做加法。

以规模快速增长为导向的"大规模制造、大规模分销"的核心能力,使得美的在2011年以前,不论是上游中间产品还是下游终端产品,都能进行快速复制,即使这些产品差异较大。毫不夸张地说,美的在白色家电领域将这种"规模"能力进行了充分发挥。

- "制造智能化"与"业务数字化",围绕着"效率"这个核心能力做加法。

2010年美的销售额突破千亿元后,"规模"能力的边际效用开始递减甚至为负,以前的成功变成了进一步发展的障碍。这时候美的选择了"效率"作为新的核心能力,开始从"做大"

转向"做强"。因此，2011年之后美的上马632项目、T+3模式、MBS等项目，以及后面收购德国库卡、投资建设IoT等一系列动作，都是围绕着"效率"这个核心能力在做加法。

❑ "产业科技化"，围绕着"技术"这个更高的核心能力做加法。

"效率"可以革除"规模"的弊端，却无法保证美的可以走得更远。

2021年5月21日，方洪波在股东大会上回应"如何挑战国际巨头"的问题时，明确说道："无论做机器人、智能楼宇、机电产品、家电还是医疗设备，本质上都要在技术上缩短与领先者的差距。"方洪波正是看到这一点，才会义无反顾地在研发上重金投入，也将美的未来的方向定位为全球性的科技集团。

> **内容小结**
>
> 从多元化发展历程来看，美的先后开启了家电多元化、垂直一体化、制造智能化、业务数字化、产业科技化的五次进化。
>
> 能开启五次进化主要有四点原因："自我否定"的精神内核、"数一数二"的战略思想、分权的事业部运作机制、围绕核心能力的跳跃式加法。

第二节　总成本领先，升了三次级

2020年下半年开始，原材料价格大幅上涨，很多企业的成本压力骤升。2022年俄乌冲突爆发，原材料价格进一步暴涨，让成本高企的企业雪上加霜。

美的的主营业务仍是家电这个早已处于微利的行业，美的同样承受着巨大的成本压力。我们看一下美的2022年的盈利情况：归母净利润295.5亿元，同比增长3.4%，扣非归母净利润286亿元，同比增长10.3%。虽说净利率没有达到两位数，但也提升至8.6%，美的很好地顶住了一波又一波的成本压力，这得益于其长期奉行的总成本领先战略。

以超过20年的长周期来看，为了保持总成本领先，美的每年都在坚决推进降成本的工作，总体来看经过了三个阶段，也可以说是升了三次级：显性降本→隐性降本→系统降本。

1. 显性降本：以财务预算为主的成本管控

美的数十年以来，一直坚持以财务预算为主的成本管控。常年的实践证明，这是控制显性成本非常有效的方法，所以美的才会坚持至今并使其日益成熟。

在美的，财务部门就是成本的归口管理部门，负责落地的各个业务端都是降本的执行部门。

每年9月开始,财务部门启动预算编制工作,根据经营目标从营销端倒推采购、研发、制造、物流、售后、内部职能管理等,所有环节、所有部门都要进行预算分解,并以此制定严格的成本管控目标。

每个月的经营分析会上,财务部门都会根据年初预算通报并推动成本管控工作。例如,在经营分析会上,财务部门通过类似图1-6的毛利影响因素分析,清晰说明上月毛利率和目标差了1.05%,带来正向贡献的是制造费用、销售结构和销售价格,但是制造人工和材料成本的负向影响更大。重点需要改善的降本任务,就是制造人工和材料成本的控制,而且需要弥补的差距分别为5.33%和1.99%。

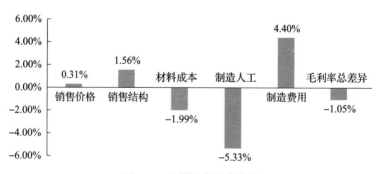

图1-6 毛利影响因素分析

以财务预算为主的成本管控,在落地实施上可以概况为"3+1":3个降本,1个控制。3个降本是采购降本、研发降本、制造降本,1个控制是费用控制。

- **采购降本**

我见过一些企业做采购降本时,采购部门会把市场材料价格的自然下降视为自己部门的降本功劳,甚至以此获得相应奖励,这在美的是不被承认的。美的认为,只有通过自身努力获得的价格优势和成本下降,才是真正意义上的降本。

美的采购降本主要分成大宗原材料降本和非大宗原材料降本两类。

大宗原材料降本,通过研究分析采取逢低买入、期货对冲、价格锁定、上游厂家战略合作等多种方式,避免受到价格波动影响,并在此基础上降本。为此,美的2001年就成立了集团采购中心,专门负责大宗原材料的集中采购。

非大宗原材料降本,则是通过供应商的寻源优化、零件物料的集中采购、价格谈判等方式来降低成本,这属于美的所有事业部的经营范围,每年每个事业部都会根据预算目标实施采购降本。

- **研发降本**

这里的研发降本不是指减少研发投入,而是指通过研发的工作来实现产品单台成本的下降。

研发降本主要从新材料替代、新结构优化、新配置改善三个方面来进行。

为了实现研发降本,美的还会增加研发投入,由于产品销量都是以万台、十万台甚至百万台计算,因此哪怕增加一些研发投入,但只要单台成本下降,即使只下降几元,投入产出也是划算的。

- **制造降本**

制造降本主要从生产效率提升、制造费用下降、制造人工下降三个方面入手,包括工艺改进、产线优化、损耗降低、多能工培养等多种精益改善的措施,每一种措施能带来多少成本的下降都要计算出来。

有一年美的的芜湖工厂厂长为了减少厂房租金费用,通过产线重新排布、仓库和生产区域的优化,硬是腾空了一半的生产场地退还给事业部,工厂的租金因此下降50%。

图1-7是一个工厂的制造降本示例。虽说是制造降本,但里面实际上包含了采购、研发、制造这三个方面的降本举措,可以管中窥豹地看到,在财务预算的成本管控下,降本目标是如何分解实现的。

- **费用控制**

虽然从财务角度严格来说,费用不属于成本项,但是财务一直肩负着费用控制的职责,实际上就是对公司运营成本的控制。

如图1-8所示,财务每个月会将各部门的费用进度进行对比通报,这对每一个业绩没达标但是费用超标的部门来说压力非常大,心里有种"拿了钱没干好活"的负罪感。

第一层分解：制造成本下降 700万元

材料降本
- 降低目标：200万元
- 预计值：220万元
- 达成率：110%
- 贡献率：31.4%

制造降本
- 降低目标：500万元
- 预计值：650万元
- 达成率：130%
- 贡献率：92.9%

第二层分解：

材料替代降本
- 降低目标：150万元
- 预计值：160万元
- 达成率：107%
- 贡献率：22.9%

材料不同降本
- 降低目标：50万元
- 预计值：60万元
- 达成率：120%
- 贡献率：8.6%

工艺降本
- 降低目标：300万元
- 预计值：380万元
- 达成率：127%
- 贡献率：54.3%

效率提升
- 降低目标：200万元
- 预计值：270万元
- 达成率：135%
- 贡献率：38.6%

第三层分解：

项目编号	子项目名称	主导部门	负责人	项目基准	项目目标	起始日	结案日	年度预计收益	项目贡献率
1	阀杆由铜改为A3钢镀锌	工艺	××	302万元	260万元	2018.1	2018.11	50万元	7.14%
2	波纹管RT108改为进水软管	工艺	××	120.5万元	95万元	2018.1	2018.11	70万元	10%
3	云母片V20D.01改为粗网	工艺	××	98万元	70万元	2018.1	2018.11	40万元	5.7%
1	钢化玻璃面板更换新供应商	采购	××	153万元	145万元	2018.1	2018.11	20万元	2.88%
2	后背板更换新供应商	采购	××	81万元	75万元	2018.1	2018.11	15万元	2.14%
3	搭配气连接管供应商议价	采购	××	55万元	52万元	2018.1	2018.11	25万元	3.57%
1	点焊工艺改储能焊工艺	工艺	××	45万元	40万元	2018.1	2018.11	50万元	7.14%
2	865产品采用配气管喷嘴方式	工艺	××	75万元	70万元	2018.1	2018.11	75万元	10.7%
3	12A底壳边料用手孔型号机	工艺	××	210万元	170.6万元	2018.1	2018.11	155万元	22.1%
4	T04C旋阻	工艺	××	38万元	30万元	2018.1	2018.11	35万元	5%
5	24D面壳边料用于Q20D封板	工艺	××	330万元	295万元	2018.1	2018.11	40万元	5.7%
6	自制换热片无废料冲压	工艺	××	285万元	260万元	2018.1	2018.11	25万元	3.57%
1	固定油压机行程，提高效率	工艺	××	20万元	23.5万元	2018.1	2018.11	47万元	6.7%
2	平衡系列效率提升	工艺	××	83万元	95万元	2018.1	2018.11	136万元	19.4%
3	DA系列效率提升	工艺	××	113万元	135万元	2018.1	2018.11	87万元	12.4%

图 1-7 制造降本示例

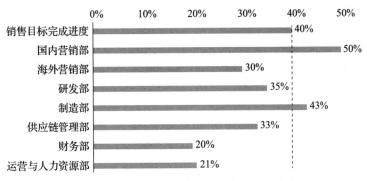

图 1-8　各部门费用进度对比（数据仅为参考）

为了制止大手大脚、突击花钱等不良作风，美的还会开展"砍掉浪费"等降本节约的活动，从精益生产的七大浪费，又总结出管理的七大浪费，活动中会采取很多具体而微的动作，例如通过人走关灯、双面打印、出行拼车、自己动手做清洁等方法来控制费用。这些动作坚持做下来，不仅能节省成百上千万元的费用，也会提高员工厉行节约的意识。

做管理咨询的这些年，我接触过很多企业，发现从老板到高管团队，很多人对财务不熟悉也不重视，这就导致了企业上下不具备经营思维，更难以找到有效的降本方法。大家就只会盯着价格看，要么看原材料价格，要么看终端产品价格，一碰上打"价格战"或者原材料涨价，就变得手足无措，这都是没有从财务预算的角度整体进行成本管控的结果。

2. 隐性降本：以产品和组织为主的内耗管控

2010 年以前，中国家电企业都运用着基本相同的商业模式：低成本、大规模。美的也不例外，而且是将这一模式用到极致的典型，2010年美的销售额突破1000亿元，但是何享健和方洪波已经感受到以往的模式开始失效。

2011年，美的规模增幅达到21.6%，然而净利率却从原本就很低的3.4%跌到2.6%，多数品类利润下滑，不少品类亏损扩大，"只赚吆喝不赚钱"。

在达到千亿规模之后，影响美的盈利的主要成本要素不再只是材料、人工、费用等明显可见的显性因素，而是商业模式、经营模式、组织方式等隐性因素。

从2011年下半年开始，美的开始重大转型，从追求规模转向追求利润、追求经营质量。这一阶段的降本工作开始加大了对隐性成本的降低力度，即对过往形成的巨大内耗进行削减。

我们经常听到"内耗"这个词，很多企业也痛恨内耗，但是对怎么减少内耗却又不得其法。那我们就来看看，这一阶段美的是怎么减少内耗的。

美的主要从产品和组织两个方面着手：产品方面，降低复杂度成本、劣质成本；组织方面，降低控制成本、决策成本。

● **产品：降低复杂度成本**

在多年缺乏统一标准化管理的情况下，到2012年美的内部已经没人能说得清美的到底有多少产品、多少型号、多少零部件、多少SKU，而且这些还在不断增加中。

这种产品的复杂度会以连锁反应和放大效应,将后端的采购、计划、生产、仓储、物流、供应商管理等环节及人员,都拖入一个异常复杂的管理旋涡中,成本巨大且越陷越深。

产品的复杂度75%在研发环节就已经定型。这就意味着,必须从产品研发的源头"动手术",才能降低产品复杂度成本。

2013年,美的全面推行产品标准化工作,并将其升格为重大战略工作进行考核。各事业部总经理亲自参与,每周开标准化会议,把产品拆散至零件,研究产品的标准化和模块化。通过产品标准化工作的开展,砍掉了7000多个原有的产品型号,停止了上百个产品平台的运行,零部件SKU平均缩减50%。

在这一过程中,形成了物料整合化、接口标准化、功能模块化、产品系列化的"四化"工作法。美的产品标准化工作的开展,大幅降低了复杂度成本,而且为后期智能化打下了坚实基础。

- **产品:降低劣质成本**

美的从2012年之后,推行品质刚性,赋予产品质量最高级别的一票否决权。同时,美的提出了"精品工程"战略,并严格管理执行进度,每个部门每月都要做汇报,方洪波进行现场打分。各事业部在品质问题上严阵以待,即使短期内增加成本,也要彻底解决品质问题。因为长期来看,低质量产生的是高成本，高质量带来的则是低成本。

在这一阶段，质量问题产生的成本即劣质成本，正式纳入财务成本管理项。劣质成本包括维修、返工、返修、报废、来料不合格、成品一次下线合格率低、赔偿等产生的成本，都在不断吞噬企业利润，但是原来分散在生产、采购、营销、售后等多个环节中，企业很容易头痛医头、脚痛医脚，并没有从整体成本的角度正视过质量问题。

美的在这一次品质刚性的变革中，将劣质成本的全部项目和内容逐个清晰定义并量化考核标准，从而实现劣质成本的降低。

降低劣质成本，不仅为美的带来了长期的产品利润，更逐步成为美的质量口碑、品牌形象的压舱石。

● **组织：降低控制成本**

2012年美的进行重大转型之前，整个组织是庞大复杂的。

在美的集团之下，有四个二级集团：制冷集团、日电集团、机电装备集团、地产发展集团。抛开独立出去的地产发展集团不说，在二级集团之下，还有近20个大小不一的事业部。两级集团的管理人员，加在一起多达一千七八百人，多层级、多集团部门、多事业部的组织方式，导致美的会议多、流程长、协同难，整个组织的控制成本居高不下。

方洪波在2012年推动了一系列组织变革：取消二级集团，精简总部部门，大力整合事业部，成立平台组织。原来两级集团的一千七八百人,最后只剩 200 多人,整个美的 2.5 万名管理人员精简到 1.5 万名,最后形成"小集团、大事业部"的组织模式。

这一系列组织变革使得层级少、部门少、会议少、流程短,整个组织在控制力度加大的同时,控制成本却大幅降低了。

- **组织:降低决策成本**

企业变大,顾虑就会多。大企业做很多决策时,会缺乏创业时期那种一往无前的勇气。因为会有各种选择,要比较多种方案,即使决策了,当出现新的情况时又会犹豫不决。

美的在 2012 年的变革过程中,同样出现过类似的情况。方洪波形容,"感觉像是一拳打在棉花上,一点反应都没有"。整个组织的决策在变慢,有些管理干部在观望,在等待,在看别人怎么动,嘴上说动实际没动。这种缓慢的决策表现出来是决策成本高,企业丧失外部机会。

方洪波在整个组织内推动文化再造,强调"说到做到",专门在管理层派发了一篇外部专家写的《为什么说到做不到?》的反面分析文章。在那篇文章的复印件上还可以看到方洪波对这个组织反思的批注。

随着组织的调整、干部的优化、变革的深入,快速决策、说到做到、主动变革的文化得到强化,美的决策成本大幅下降。

3. 系统降本：以效率驱动为主的价值链管控

如果说 2012 年是美的隐性降本的显著开端，那么 2015 年就是美的系统降本的爆发元年。

美的虽然多年以前就提出过系统降本，2012 年也正式将"效率驱动"作为三大战略主轴之一，但真正深入实施系统降本，全面开展以效率驱动为主的价值链管控，还要等到 2015 年。因为在这一年，有两大标志性事件：

❏ 632 项目，基本完成了系统上线与推广。

❏ T+3 模式，正式开始在全集团全面推广。

632 项目，在实施之初是为了实现"一个美的，一个体系，一个标准"而上马 11 个 IT 系统，通过围绕业务流程和管理流程，进行了端到端的拉通和改善，从而不仅实现了"三个一"的统一，而且极大地提高了价值链的运营能力和流程效率。

T+3 模式，是以销定产、高效满足订单的产销新模式。通过聚焦需求、效率倒逼，提高了营销、研发、计划、采购、生产、物流等各环节的反应速度，构建了全价值链的高效协同，下单（T）、备料（T1）、生产（T2）到发货（T3）四个环节，每个环节追求 3 天完成，全流程交期缩短至 12 天，甚至有的产品可以做到更短。

632 项目和 T+3 模式在第八章和第九章还会做专门的介绍，二者的全面实施，使得美的在经过了组织、人员、思维等各方面的变革之后，终于可以站在全价值链层面，从整体系统运营的高度实现降本增效。

2016年，美的在632项目基础上将数字化升级到2.0阶段，进一步将T+3模式全面数字化，如虎添翼的T+3模式可以实现6～12天直发交付，全价值链运营效率再次得到提升。同一年，集团第一批MBS学员结业，美的开始在内部推动MBS项目，打造精益运营体系，以精益思想和工具将内部运营效率再推上一个台阶。

在线下渠道方面，美的取消二级经销商并推动一级经销商的职能转向运营商，目前只有偏远地区保留两级经销商，渠道层级基本变为"美的→代理经销商→零售商→消费者"。对于小经销商，2018年美的还启动了代理转运营的"网批模式"，让下游经销商可以跳过以前的代理层级，直接通过美云销App向美的下订单。

通过二级经销商的取消、"网批模式"的启动，美的实际上是在价值链的营销端不断缩短中间环节，不仅加强了渠道掌控力，而且提升了反应速度和市场效率。

2015～2020年是美的价值链效率全面提升的系统降本阶段，也是美的转型升级后的快速奔跑阶段，营收从1393亿元增加到2857亿元，翻了一番，净利从127亿元增加到272亿元，增长1.14倍。营收和净利都大幅增长，而且净利的增长速度还要快过营收，其中系统降本功不可没。

> **内容小结**
>
> 原材料价格的大幅上涨,看似对每个企业来说都是一样的,实际上带给每个企业的冲击却是不一样的,因为每个企业的承受能力完全不同。
>
> 今天美的总成本领先战略的成功,不是因为突击做了什么才实现的,这种有效降本的能力是长期坚持以后才具备的。
>
> 美的总成本领先战略升了三次级:
>
> ❏ 显性降本:以财务预算为主的成本管控。
> ❏ 隐性降本:以产品和组织为主的内耗管控。
> ❏ 系统降本:以效率驱动为主的价值链管控。
>
> 需要说明的是,美的在后面阶段并没有抛弃前面的方法,只是内容更全面,能力更强大,总成本领先的认知和水平更高级了。

第三节 科技领先战略的底气

2020年12月30日,美的将三大战略主轴"产品领先、效率驱动、全球经营",升级为四大战略主轴"科技领先、用户直达、数智驱动、全球突破"。升级后的四大战略主轴看似并驾齐驱，实则不然。

科技领先才是四大战略主轴的核心。

美的董事长方洪波在内部反复说过："科技领先是一朵红花，用户直达、数智驱动、全球突破是三片绿叶，这三片绿叶是衬托这朵红花的，没有这朵红花，三片绿叶将荡然无存、毫无意义。"

以"科技领先"作为最核心的战略，对于美的研发转变的作用之大，可以说是前所未有甚至翻天覆地。纵观美的过去半个多世纪的产品研发路径，大部分时候都是"尾灯策略"的跟随式打法，通过快速的产品开发、高效的内部运营、水银泻地式的营销，美的往往能在跟跑过程中做到后发先至，从而做到"数一数二"。这是美的赖以成名的绝技，也恰恰是美的严重的路径依赖。

从跟随到领先，而且不仅仅是"产品领先"，更是"科技领先"，这个转型的战略意义相当于美的1997年的事业部制改革和2012年的战略转型。我们可以想象一下，以前是在既有清晰赛道，又有先行者领跑的情况下，信息充分然后贴身跟随，现在却要向未知的深水区迈进，甚至部分领域是要在无人区探索。那么，美的提出"科技领先"战略的底气来自哪里？

鉴过往以知未来，这就需要从美的研发的6个演变阶段说起了。

1. 研发的6个演变阶段

美的在产品研发上的发展路径是非常典型的中国制造业的发展路径，如图1-9所示，美的研发的6个演变阶段可以说是完整地演绎了一家制造企业从微笑曲线的谷底向上爬升的过程。

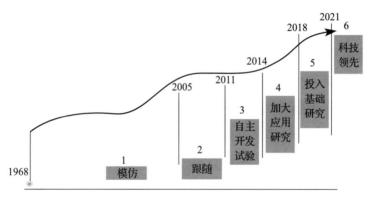

图1-9 美的研发的6个演变阶段

我们来回顾一下这6个演变阶段。

（1）1968～2004年：模仿。

1968～1979年，这一阶段是美的在改革开放之前的生产自救，基本谈不上研发，我们不再赘述。

从1980年做风扇开始到2004年，美的在白色家电领域摸爬滚打了25年，营收从不足百万元冲到470亿元，多元化发展速度不可谓不快，但是在产品上基本是以模仿为主。

第一阶段是美的从无到有的阶段，也是家电市场跑马圈地的时代，虽然这个时期美的也有各种技术引进，但总体来看还是停留在模仿阶段。

（2）2005～2010年：**跟随**。

2005～2010年，美的用5年时间迅速将规模翻了一倍，进入千亿俱乐部。

美的扩张的策略很明确：市场证明可行的、对手证明有效的，美的就快速跟进，用规模效应带来的价格优势去抢占市场。

这一阶段美的在产品研发上不再是纯粹的模仿，开始进入了跟随状态，也有了一些自主的能力，但跟随仍然是主要的做法。

（3）2011～2013年：**自主开发试验**。

2010年之后，美的加大了研发投入，聚焦研发创新，虽然有些地方还是有跟随的情况，但已经可以说进入自主开发试验的阶段了。

2011年美的成立制冷研究院，2012年与东芝开利共建"美的-东芝开利变频技术联合研发中心"，同年全集团推动"精品战略"，在标准化、可靠性、自主性上都有很大提升。但是，这一时期的"R&D"仍然主要处于"D"的开发阶段，还没有真正进入到"R"的研究阶段，哪怕是应用研究方面。

（4）2014～2017年：**加大应用研究**。

美的真正意义上开展应用研究是从2014年开始的，因为这一年美的建立了中央研究院，解决了以往只有开发、没有研究的组织问题。在弥补研究缺失的过程中，以做好产品为准则，美的创建了从先行研究到产品开发的四级研发体系，开始主动布局中长期技术。

（5）2018～2021年：投入基础研究。

我们常说的"R&D"由三个部分组成：开发试验、应用研究、基础研究。

美的在第三阶段已经具备了较强的自主开发试验能力，在第四阶段也建立了应用研究体系并逐步深入，但是在基础研究方面，由于积累少、难度大，美的与国际巨头之间还是存在不小的差距。

正是看到这一差距，而且也意识到这是必须要面对和跨越的一条鸿沟，因此在四级研发体系基础上，2018年美的正式构建"三个一代"的研发创新模式并投入重金，以填补基础研究的空白。从2018～2021年的4年间，美的研发投入累计达到415亿元，其中很大一部分就是用于基础研究的投入。

（6）2021年至今：科技领先。

美的选择在2020年12月30日公布"科技领先"等四大战略主轴，就是要从2021年开始，以极大的决心用新战略推动新发展。

在摆脱跟随的做法后，2010～2020年，从开发试验到基础研究，美的已经进行了长达10年的投入，不论是整体市占率、高端占比、外销自有品牌占比的提升,还是弱势品类的崛起,以及研发人员结构的改善,特别是在新冠疫情影响下形成的抗打击能力,都让美的尝到了科技投入的甜头。

科技领先已经成为现阶段以及未来很长时间内,美的持续成长的最核心战略。通过这一战略的实施,美的不仅仅要撕掉家电标签,更要在国际舞台上建立自己的江湖地位。

看完这 6 个演变阶段,读者会明白美的提出"科技领先"战略不是心血来潮,也不是追赶时尚,美的不仅下了巨大的战略决心,而且做了长期的积累和投入。

谈到积累和投入,就得好好讲一讲美的四级研发体系、"三个一代"研发模式,以及"2+4+N"全球研发布局,这些共同构成了美的"科技领先"战略的底气来源。

2. 四级研发体系

战略决定组织,组织跟随战略。战略上的改变,首先就体现为组织上的改变。

美的研发从"跟跑"转变为"领跑",不论是组织设计、思维方式、产品竞争力、投入和回报的评估方法等多个维度都要有所改变,其中最根本的改变就是组织。

以前在产品跟随战略下,美的原有的研发体系只有从事产品开发的组织,却没有进行研究的组织。而要实现产品领先直至科技领先,就必须设立进行研究的专项组织,推动"研""发"并举,还要让"研"引领"发"。

2014年美的正式成立中央研究院,并以其为核心构建了从集团到事业部的四级研发体系(见图1-10)。

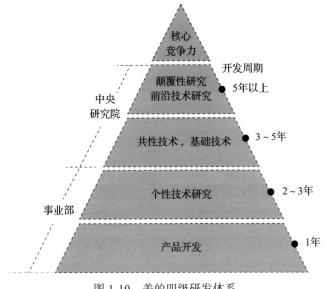

图1-10 美的四级研发体系

中央研究院专注开发周期3年以上的技术研究,包括共性技术和基础技术研究,以及开发周期5年以上的前沿技术研究与颠覆性研究,并建立开放式创新平台,面向全球"融智"。

事业部聚焦开发周期3年以下的单产品个性化技术研究,以及1年内短期应对竞争格局的快速产品开发。

从短期竞争到长期规划,从产品开发到先行研究,从组织设计到体系建设,美的构建起四级研发体系的"科技大厦"。在这座颇具雏形的"科技大厦"里,又出现了制造技术研究院，各事业部也开始建设内部的研究院，例如楼宇科技、工业技术事业群都成立了自己的研究院，美的四级研发体系的"科技大厦"日益变得丰富充盈。

3. "三个一代"研发模式

四级研发体系弥补了美的中长期研究的缺失，搭建起从短期产品开发到长期先行研究的整体框架。那么，从先行研究到产品开发，直至最终产品上市，必须要面对三个问题。

- **中长期研究的持续性问题**

企业做技术研究毕竟不是搞学术研究，如果相当长时间内没有研究成果，这样的研究持续性就是第一个问题。

- **研发的确定性问题**

研发的不确定性很大，特别是新的技术应用必然伴随可靠性问题、技术原理问题，如何尽可能减少不确定性、加大技术成果的转化，这是第二个问题。

- **开发的速度问题**

以前做产品开发，直接瞄准竞品标杆，又快、又准、又省事，现在需要在技术研究的基础上实现产品开发，这样是否会影响开发的速度，这是第三个问题。

为了解决这三大问题，美的从2018年开始，建立并推行了"三个一代"研发模式，即"研究一代""储备一代""开发一代"，如图1-11所示。

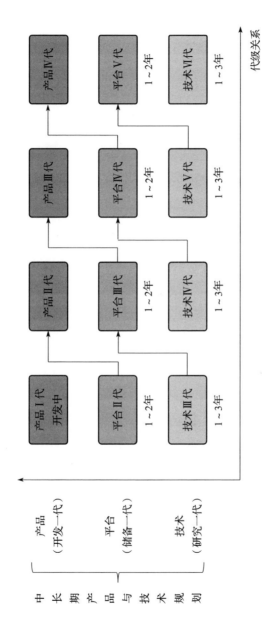

图 1-11 美的"三个一代"研发模式

虽然"三个一代"的提法并不新鲜，国内至少十几年前就听有人说过，但大多数还是停留在概念层面，能够真正运作起来产生实质效果的非常少见。

美的也是因为原有的研发模式无法实现领先的战略，才抛弃固有打法，坚决推行了"三个一代"研发模式，进而拉通了从战略、趋势、需求、竞争到卖点、平台、技术、产品的端到端的科技创新流程。

研究一代，以核心技术突破为目的，为下一代平台创新提供技术保障，建立技术壁垒，推动技术领先。

储备一代，以平台创新为目的，既面向用户需求，也面向市场竞争。面向用户需求，进行全球平台研究，为下一代系列化产品提供平台保障；面向市场竞争，要具备新品快速开发上市的储备能力。

开发一代，以市场竞争为目的，确保产品体验优于竞品，提升单品的企划命中率，逐步推高市场占有率及高端占比。

近几年，美的各事业部持续推出的全球首创产品，均经历了"三个一代"的研发全过程，如微气候空调、微晶冰箱、相变热水器、无外筒波轮洗衣机、对旋柜机、U型窗机、小方物除湿机等。

"三个一代"的核心逻辑是三代齐发。

纵向来看就是，在开发的产品由开发部在做，下一代平台由研究部门在做，下一代的一些核心技术模块还有另外的研究团队在做。可以理解为不管什么产品品类都是一样的，都有一些核心技术和难点需要突破，以技术突破带动产品的创新和突破，比如性能大幅提升、体积缩小解决轻量化的问题等。

"研究一代"之所以能整合到"储备一代"的下一代产品平台上去，是因为前面的技术突破可以支撑下一代平台的搭建，而储备平台则将其用到再下一代的产品开发上去。

可能有人会问，如果不能实现技术突破怎么办？这也是前面提到的第一个问题，研究没有成果就难以持续的问题。

正是因为这种不确定性，所以"研究一代"的团队至少要同时研究三四项技术，有些很可能跑不通，有些可能跑得通。跑通的输入到"储备一代"的技术模块中就是相对比较成熟的技术，从而规避掉较大的技术风险，然后再来搭建储备平台。平台原型搭建完，做完可靠性，一些技术研究的难题解决后，应用问题就都解决了，这时再开发产品的话，开发速度不仅可控而且更快。如果没有这个过程的话，开发就不会有大的技术突破，不仅开发效率不会高，质量的风险也会增加。

举个例子，原来可能18个月推出1个新产品，现在10个月就能搞定了，为什么？这是因为有团队在前面把研究工作都做完了，有些甚至一部分模具都开了，很多技术问题也验证完了，所以推出新品的时间才能提前。

至此，"三个一代"研发模式终于解决了四级研发体系下的研究持续性、研发确定性、开发速度三大问题。

老的问题好不容易解决了,新的问题又出现了。"开发一代"的团队是有人才基础的,但是"研究一代""储备一代"的人才和组织却是缺乏的,如何找到这类稀缺的资源,而且还能使其源源不断地实现供给呢?

美的在研发上必须要下一盘更大的棋。

4. "2+4+N"全球研发布局

美的原有的研发中心多数是随着制造基地而设置的,因此并没有在一些技术的制高点上主动进行战略布局。随着四级研发体系的初步构建,"三个一代"研发模式的打磨成熟,如何进行全球研发布局成为美的更大的课题。

立足国内、面向国外是美的的总体布局思路。

- **立足国内**

美的先后在上海和深圳设立研发中心。

上海研发中心聚焦电机研究、用户创新和设计创新,充分发挥一线大都市的特点,敏锐捕捉市场变化和用户趋势。

深圳研发中心聚焦 AI 技术发展,进行前瞻性技术研究。

- **面向国外**

美的率先在美国路易斯维尔成立美国研发中心,针对北美市场进行本土化开发。同时,在硅谷成立 AI 技术中心,与深圳研发中心互为补充，发挥整合优势。之后陆续在日本、德国、意大利、奥地利、印度、新加坡等地设立研发中心，结合不同区域优势，分别进行本土化研发、创新研究、设计创新和强化外部合作等。随着近年投资并购的业务开展，进一步加速了美的研发中心的多元化。

随着2019年上海全球创新园区的建设，美的已经布局了"2+4+N"的全球研发网络。"2"是顺德、上海两个创新总部；"4"是自建的4个全球多品类研发中心，分别位于美国路易斯维尔、德国斯图加特、意大利米兰、日本大阪；"N"则是遍布全球的小细胞研发中心。

截至2023年4月，美的已有35个研发中心，其中20个国外研发中心、15个国内研发中心。美的正在运用业已成形的全球化技术网络，充分整合全球研发资源，加速技术研究，实现本土化开发。

5. 如何推动科技领先战略

制定战略靠眼光，推动战略靠魄力。"科技领先"战略挑战了美的多年依赖的路径。那么，美的怎样推动变革在未来实现科技领先呢？

如图1-12所示，美的主要是在五个方面采取动作：战略新共识、研发重投入、不断走出去、突破关键点、创新双循环。

图 1-12 美的科技领先战略的动作

- **战略新共识**

从跟随到领先,从产品领先到科技领先,其中第一大变化不在于怎么做,而在于怎么想。因此,突破认知和思维,形成新的战略共识,是首要推动的转变。

方洪波在多个场合都说过,"我们看科技领先,不能用 5 年前的眼光,也不能用去年的眼光,甚至也不能用今天的眼光去看,要突破现在所有的思维束缚,在这个基础上达成新的战略共识"。新的战略共识,就是要让美的所有管理层,既要敢投入又要有耐心,抛弃短期思想,勇敢和过去决裂。

科技创新已经被定义为美的未来发展的唯一正确道路。这种战略决心和魄力就是在告诉所有美的人,即使前面是未知的深水区,也没有回头路可走。

- **研发重投入**

研发投入前所未有地加大，而且是越来越大，非常明显地体现在资源投入和人才引进上。从2014年建立中央研究院开始到2022年，美的9年来共投入了784亿元，研发资源的持续投入，促进了创新水平的提升。截至2022年年底，美的（含东芝家电）专利授权维持量超过8万件，2022年在全球范围内获得发明专利授权超过4000件。

研发投入占比已经成为集团对各经营单位的强制考核指标，这项硬性考核的出台就是要保证投入的力度够大。

在人才引进上，美的进一步提高人才密度和人才强度。

人才密度上，利用全球资源引进的人才要足够多，覆盖面要足够广，美的正在所有涉及的领域进行人才布局。截至2022年4月，技术类员工比例达到47.5%，逐渐逼近半数。人才强度上，就是要有领军人物，要有科学家，要有高端人才。美的中央研究院的三任院长都是方洪波亲自找到的，"一把手"首先践行科技领先战略。

截至2022年年末，美的成立了8个院士工作站（室），引入19位战略合作院士，研发人员达到20 782人，同比增长14.8%，其中硕士人员增长13.3%，博士人员增长28.3%。研发人员数量和结构的改善，有力地支撑了美的科技领先的战略。

- **不断走出去**

坚持开放合作，而不是闭门造车。2015年5月，美的集团中央研究院与浙江大学管理学院共建国内首家开放式创新联合实验室。在联合实验室的共同努力开发下，美的开放式创新平台于2016年9月12日在广东"互联网+"国际博览会宣布正式上线。

美的通过开放式创新平台（见图1-13），整合外部优质资源，缩短产品开发周期；外部用户通过平台，无缝全流程纳入创新过程中，美的从而真正做到以用户为中心的创新。

近年来，美的与外部的创新合作更加开放，不再局限于采买或单点式的技术合作，而是通过全面合作甚至是战略绑定，建立起从先行研究到产品开发，乃至商业模式上的立体式共创共赢关系，加速技术创新落地与用户体验的迭代，已与清华大学、上海交通大学、浙江大学、中国科学院、哈尔滨工业大学、西安交通大学、华中科技大学、华南理工大学、麻省理工学院、斯坦福大学、马里兰大学、普渡大学等100多家国内外知名高校及顶级科研机构开展合作，还与BASF、Honeywell、海康威视等科技公司开展战略合作，多渠道构建全球创新生态系统。

2018年，美的与中国工程院陈清泉院士共建院士工作站，聘请陈清泉院士作为美的集团电机技术领域的学术顾问。同年，美的-英飞凌联合实验室挂牌成立，美的在提升变频技术水平方面更进一步。美的还在不断寻求与更多机构进行更多种方式的合作，不仅走出去，而且要更快走出去。

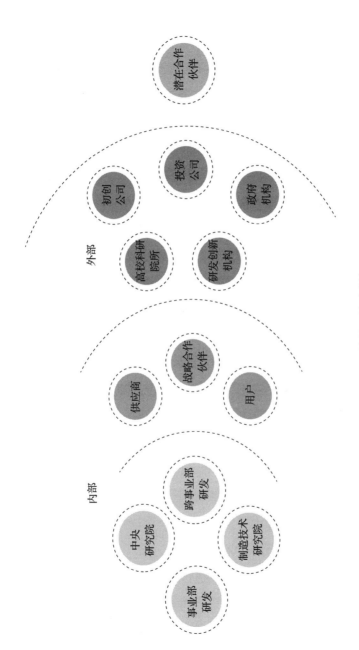

图 1-13 美的开放式创新

- **突破关键点**

在通往国际舞台的道路上,美的必然会面临像华为一样被别人"卡脖子"的情况,而最容易"卡脖子"的地方就是核心技术。

美的虽然规模很大,但是在全球市场上的话语权仍然不够,在整个产业链技术的自主性也依然不足,在基础能力、关键原材料、核心部件、先进工艺等很多方面也还存在瓶颈。我们看到的所有研发投入与创新合作,绝大部分都是集中在主要短板、基础研究、先行研究、前沿技术研究等方面,美的最终也要在这些关键领域实现重点突破,防止未来被"卡脖子"。

重点投入、重点攻关、重点突破,这三个"重点"就是真正实现科技领先的重点。

- **创新双循环**

为了给予研发体系充分的空间进行研究和创新,美的推出了一系列管理方式的改变。比如前面提到的各单位在制定年度预算时要符合研究投入、研发投入等硬指标;打破原有的评价方式,延长研究人员的评价周期,不强制绩效分级等一系列措施。这是一个循环,是从机制上保障各单位在研究上的持续投入和创新。

同时,美的也在推出另一种保障机制来鼓励各类研究人员,将研究成果商业化、产业化和产品化,将科技领先落地为产品领先和市场领先。两种机制不仅不互相矛盾,而且还相辅相成，让研究更有意义，让研究人员更有动力，这也是"三个一代"研发模式的初衷。

只有两种机制都建立起来，才会形成创新的双循环。

> **内容小结**
>
> 美的研发，从早期的模仿跟随到追求科技领先，半个多世纪走过了 6 个演变阶段。
>
> 如今，美的构建起四级研发体系，推行"三个一代"研发模式，进行"2+4+N"的全球研发布局，今非昔比的美的已不再是一家传统意义上的家电制造企业。战略新共识、研发重投入、不断走出去、突破关键点、创新双循环，美的正从这五个方面持续推动科技领先战略。
>
> 要么第一，要么唯一。志存高远，无畏前行。一贯以"接地气"著称的美的，正在不断追逐科技的星辰大海。

第四节 国际化，一个稳字走了近 40 年

从"全球经营"到"全球突破"，国际化始终是美的不变的战略。截至 2022 年，美的海外营收已经连续 6 年超千

亿元,连续 7 年占比超过总营收的 40%,美的国际化的步伐正在不断加快。

回想 1985 年 5 月 17 日美的创始人何享健第一次出国,带领高管前往日本考察,这可以算是美的迈出国门的第一步。美的从那一天开始延续至今的国际化思路是什么样的?美的在国际化道路上的探索又是如何推进的呢?

1. 一个字的国际化推进原则

如果只用一个字来概括美的国际化推进的原则,那就是:稳。

不论是早期的产品出口、对外合作,还是后期的海外建厂、收购兼并,美的实施国际化战略的原则很明确,就是务实稳健,绝不做风险太大的事情,只做小风险、可承受的海外项目。

把美的"稳"字当头的原则再展开一些,可以称为"三不一小",即"不背包袱、不扛大旗、不要冒进、小步快跑"。

- **不背包袱**

美的早在 20 世纪 80 年代,就已经领先很多国内企业率先开始做出口业务,1987 年出口创汇达到 400 万美元,1988 年出口达到 810 万美元。

即使在出口业务上领先同行,后来现金流充裕了,美的仍然老老实实先把 OEM 业务做好,并没有在海外做过多的硬件投资或品牌投入。能合作的自己就不从头开始,能把产品卖出去就不轻易做自有品牌,能建办事处就不投资建厂……

总之,走出去要积极主动,但不能因此给自己背上包袱。

- 不扛大旗

进入 21 世纪,中国企业纷纷"出海":2000 年,海尔的美国工厂正式投产;2003 年,TCL 大举收购法国汤姆逊;2004 年,联想收购 IBM 上演"蛇吞象"。一时间,中国企业进军国际的号角似乎已经吹响。

外部的声音也引发了内部的讨论,有人提出美的作为白色家电行业的领军企业,应该要在国际化上加大动作。然而,何享健始终保持头脑清醒,不断在内部强调"要研究学习国际化的标杆企业,但绝不能离开美的实际去走国际化"。

例如,美的在 1997 年就曾打算在越南建风扇厂,但经过论证后还是放弃了。因为经过调研发现,越南表面上看有工资低等优势,但是产业配套能力差,综合成本未必比中国低。越南真正成为美的第一个海外生产基地,要等到 2007 年了。

不扛大旗,不要虚名,美的始终坚持从自身实际出发。

- 不要冒进

2008 年,何享健在接受《南方都市报》的采访时谈到美的国际化的问题,"美的走国际化道路是顺势而为,水到渠成,是一个循序渐进的过程,每一个脚印都踏踏实实"。

这种踏实稳健,除了上面说的1997年没有贸然在越南建厂以外,2006年美的又主动放弃收购GE家电。在谈到自有品牌出口时,何享健非常冷静地说:"我们在一些发展中国家使用自有品牌,但在世界大部分国家还是把主要精力放在OEM上,因为还没有能力出口自有品牌。七八年前,很多企业在海外推广自有品牌,大多以失败告终。即使我们用十亿元在海外打品牌,也起不了明显的作用。"

不冒进,不盲目乐观,不头脑发热,这在国内市场一片大好、美的自身也高速发展的时期是难能可贵的。

对于国际化,何享健从来没想过毕其功于一役,而是始终能够理智地认识到:"中国家电企业的国际化道路还很长,不可能一步到位,也不能太急……我的想法是,先踏踏实实把产品做好,做出口……要练内功,强身健体,这是一两代人的事情。"

- **小步快跑**

前面说了"三不",似乎感觉美的国际化步伐有点缓慢,实则不然。

俗话说"不怕慢,就怕站",美的只是在大风险面前稳健保守,但是在提升国际化能力上却并未放松,而且动作不断,总结来说就是"小步快跑"。

我们熟知的美的国际化并购,主要是收购德国库卡、日本东芝、以色列高创、意大利Clivet等,实际上这些都是发生在2016年之后的事，而在这之前美的已经做了30年的国际化经验积累。

列举部分如下：

- 1986年，开始出口转页扇。
- 1987年，实现批量出口，走上外向型出口道路。
- 1988年，获得自营进出口权，产品开始占领北美、欧洲、东南亚等市场。
- 1991年，连续4年保持全国台扇、地扇出口量第一。
- 1993年，与东芝正式建立技术合作关系。
- 1995年，开始空调出口业务。
- 1998年，先后与三洋、日立在电饭煲产品上进行技术合作。
- 2000年，美国分公司、欧洲分公司、日本办事处投入运营。
- 2001年，韩国办事处、新加坡办事处相继成立。
- 2000～2006年，先后与意大利梅洛尼、东芝开利、韩国清湖、韩国MICRO等国际公司在国内外成立合资公司。
- 2006年，向美国高盛定向增发7.17亿股票，拟引入国际资本，提升美的品牌国际知名度。
- 2007年，在越南建立第一个海外生产基地。同年10月，与白俄罗斯地平线集团联合成立美的–地平线合资公司，在白俄罗斯生产微波炉。

❑ 2010 年，收购埃及 Miraco 32.5% 的股份，合资建立工厂，布局中东非区域市场。同年，在匈牙利与 P&T 新建商用空调产线，布局东欧区域市场。

❑ 2011 年，在阿根廷收购开利拉美空调业务公司 51% 的股份，布局拉美区域市场。

❑ 2012 年，在印度与开利合资创办工厂。同年，在巴西与开利合资创办马瑙斯家用空调工厂，并合并原有巴西南部 CANOAS 商用空调工厂。

❑ 2015 年，与日本安川成立机器人合资公司。

从上述动作可以看到，美的 30 多年来通过产品出口、技术合作、对外合资、设立海外分公司、建立海外基地等这些不停歇的"小步快跑"，才有了近几年的大手笔海外并购。

出手阔绰的海外并购，不是常态；不为人注意的小步快跑，才是根本。

2. 为什么非要国际化

为什么非要出海？现在来看，这已经有了一个必然的答案。然而，美的想清楚这件事，是早在 20 世纪 80 年代。当时，国内风扇市场已经陷入白热化的竞争，美的为了避免恶性竞争，寻求更好的生存空间，就将眼光投向了海外市场，提出"不与国内同行争天下，走出国门闯市场"的国际化战略。

由于国际标准异常严格，海外市场的开拓难度超出想象，但凭着哪怕依靠手工打磨、除夕夜加班也要保证达标的艰苦奋斗精神，难做的海外市场反而成了美的当时进入的蓝海。

1988年，国家进行经济治理、紧缩银根，国内很多风扇厂由于之前的恶性竞争陷入困难，但美的由于提前向海外市场做了战略转移，不仅未受到当时的负面影响，而且连续8年成为国内家电行业出口创汇第一。

我们今天回过头去看，近40年的长周期内美的国际化所带来的收益主要体现在4个方面：增长、资源、能力、风险。

- 增长

海外市场不断给美的带来新的增长。前面提到过，20世纪80年代出海的做法早早就让美的尝到了甜头。之后，美的营收在2000年突破100亿元，2010年突破1000亿元，2017年突破2000亿元，2021年突破3000亿元，不断增长的规模如果仅靠国内市场是肯定无法实现的。

美的海外营收占比已经超过40%，接近半壁江山，未来必然要过半甚至更多。

- 资源

国际化不仅带给了美的增长的空间，更使得美的可以通过全球化区域布局，在世界范围内整合不同国家各行各业的资源，包括采购资源、制造资源、技术资源、劳动力资源、市场资源等，从而降低了经营成本，提高了整体的运营效率。

以美的建设越南工厂为例，1997年论证后放弃是因为越南资源成本高于国内，而2007年重新进军越南，是因为综合关税、进出口业务、消费者服务等多重因素后，越南整体资源利用成本低于国内。

- 能力

开放减少熵增，开放提升能力。国际化是企业最大限度的开放。

美的通过推进国际化，在产品开发、市场营销、生产制造、财务管理、人力资源、资本运作、数字化建设等多个方面，全面向国际企业学习，包括日本松下、东芝，韩国三星、LG，美国GE、艾默生等。美的除了开展合作外，还不断专门总结学习国际标杆企业在方方面面的经验教训，从而快速提升自身能力。

- 风险

正所谓东方不亮西方亮，国际化的推进降低了美的的经营风险，即使某一地区、某一环节、某一时期出现了问题，也不会影响美的集团整体的运营。

3. 国际化推进路径：3大步、10小步

美的国际化，既不像海尔先打品牌，也不像TCL大举收购，美的稳扎稳打的做法是更为典型的中国企业出海的路径，也因此更具备实操的参考价值。

美的国际化的推进路径可以分为3大步、10小步，如图1-14所示。

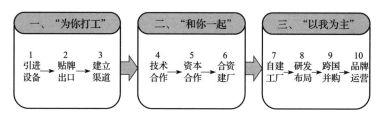

图 1-14 美的国际化推进路径

要说明的一点是，3 大步与 10 小步是一个逐步推进的过程，互相之间并不是完全独立的，也不是严格地做了上一步才能做下一步的意思，更不是做了下一步就能够不做上一步。比如贴牌出口是第 2 小步，美的现在虽然已经做了跨国并购、品牌运营，仍然还是有不少的 OEM 业务。这个推进路径，只是说明在不同阶段以哪个为重点，在不同时期又叠加了什么新方式，虽然存在着不少的同步运作，但整体上还是能够清晰地看到美的国际化推进的路径。

接下来我们逐个来讲。

第一大步："为你打工"。

美的做国际化一上来不是收购，也不是推自有品牌，而是老老实实地给国际大牌打工，做全球家电巨头的生产工厂，持续至今，一做就是近 40 年。在这个过程中，美的走过弯路也踩过雷，积累了大量的经验，不论是产品生产还是业务模式，都越来越成熟。

这个阶段还可以再分成引进设备、贴牌出口、建立渠道三个步骤。

（1）引进设备。

为了实现产品出口，美的早在 1985 年便从日本引进了高速冲床，据说也是中国第一台高速冲床。在进行技术改造后，冲制一个电机铁芯的时间从 25 秒大幅缩短到 2 秒，极大提高了生产效率。

先设备后产品，这是制造型企业的必经之路。之后几十年，美的又陆续引进了德国、日本、韩国等的国外先进设备。总之，这一步并没有因为是第一步走过了而就此止步。

（2）贴牌出口。

OEM 业务是美的海外拓展的根基。美的从 1986 年出口转页扇开始做 OEM 贴牌，至今已经有近 40 年。我所知道的很多国际家电巨头，美的给它们都做过贴牌，诸如 GE、伊莱克斯、惠而浦、松下、东芝、三星、LG、开利、西门子等。这个赚的是辛苦钱，想当初我自己在美的负责外销的时候，面对国际巨头也尝尽被虐的滋味，其中辛酸不说也罢。当然，如果美的没有这个艰苦的过程，也不可能学会怎样和国际巨头打交道，更不会有国际化的今天。

（3）建立渠道。

出口达到一定规模之后，美的逐渐在全世界建立分支机构。2000 年，美国分公司、欧洲分公司、日本办事处投入运营。2001 年，韩国办事处、新加坡办事处相继成立。2022 年，美的在全球已经有 200 多家子公司了。

非常有意思的是，美的做自有品牌是从第三世界国家开始的，但是建立海外分支机构却是直接从发达国家开始。这是因为自有品牌推广之初，不能与国际大牌的 OEM 业务冲突，所以美的选择绕道而行。而海外分支机构就要直接服务大客户，也可以更好地收集市场信息，同时向国际标杆学习。

第二大步："和你一起"。

在为国际巨头打工的过程中，美的实力日益壮大，开始从单纯的买卖交易，逐步开展了更多更深的合作，我们称之为"和你一起"。

这一阶段可以再分为技术合作、资本合作、合资建厂三个步骤。

（4）**技术合作**。

技术对于产品来说至关重要。

为升级电饭煲技术，1986～1998 年在模糊逻辑电脑电饭煲、IH 电饭煲产品上，美的先后与三洋、日立进行技术合作；为提升核心品类空调的技术能力，1993 年美的与东芝正式建立技术合作关系。应该说，美的对外的技术合作从来没有间断过。

正是通过不断与国际公司开展技术合作，美的逐步掌握了产品关键，提升了研发能力。

（5）**资本合作**。

从技术合作起步，美的开始和海外顶尖公司进行资本方面的合作，最常见的就是成立合资公司。其中，美的与东芝的合作由来已久，与开利的资本合作也是长期而深入，列举部分如下：

- 2004年,与东芝开利(开利子公司之一)成立了空调合资企业。
- 2008年,与开利合资成立了美的开利。
- 2010年,与开利就埃及Miraco达成合资协议,通过收购Miraco32.5%的股权,成为仅次于开利的第二大股东。
- 2011年,美的以2.233亿美元收购开利拉美空调业务公司51%的股权,开利继续持有49%的股权,双方联合经营和拓展拉丁美洲地区空调业务。合资业务主要在巴西、阿根廷和智利三个国家,并包含马瑙斯、阿根廷火地岛等三家空调制造工厂。

美的合资合作的大门始终是敞开的,只要有利于发展,美的就大胆合作。2000～2006年,美的先后与意大利梅洛尼、东芝开利、韩国清湖、韩国MICRO等国际公司,在国内以及海外成立多家合资公司。除了家电产品之外,美的后来为了拓展机器人领域,在2015年与安川也成立了合资公司。

跳出成立合资公司的方式,美的在引入美国高盛的资本合作方面,同样值得借鉴。

(6)合资建厂。

对于海外生产基地的建设,美的更多的是采取合资建厂的方式。例如:

- 2007年,在白俄罗斯与地平线集团合资建立微波炉工厂。
- 2010年,在埃及与Miraco合资建立工厂。

❏ 2010年，在匈牙利与P&T新建商用空调生产线。

❏ 2012年，在印度与开利合资创办工厂。

❏ 2012年，在巴西与开利合资创办马瑙斯家用空调工厂，并合并原有巴西南部CANOAS商用空调工厂。

截至2023年4月，美的的海外制造基地达到18个，分布在15个国家。通过合资建厂的方式，借助当地力量，美的既避免了风险，又得以快速扩张。

第三大步："以我为主"。

走过了以对外合作、借助客户、依赖外力为主的阶段，美的在国际舞台上开始拥有了一席之地，这时候就可以在制造、研发、营销、品牌等各方面，"以我为主"主动出击。

这一阶段可以再分为自建工厂、研发布局、跨国并购、品牌运营四个步骤。

（7）自建工厂。

海外自建工厂是美的比较少用的一种方式。除了2007年在越南建设了海外生产基地外，美的其他的海外工厂基本都是通过合资或收购方式进行的。这也体现了美的低风险、稳步推进的特点。

越南工厂的建设时间虽然要比其他海外工厂早一些，但由于美的自建工厂较少而且以后可能会逐渐增多，所以我还是把这一步放在了合资建厂之后。

（8）研发布局。

我们常说"研产销"，但是在美的国际化推进过程中，这个顺序是倒过来的，即"销产研"。美的先在国外实现OEM销售，并成立销售分公司，然后逐步建立生产基地，最后再大面积布局研发中心。这也是美的从专门做贴牌，到适当推广自有品牌，再到加大自有品牌运营的一个转变。

2015年，美的成立了第一个海外研发中心——美国研发中心。截至2023年4月，美的已经构建起面向全球的"2+4+N"的研发网络，在海外拥有20个研发中心。

（9）**跨国并购**。

经过多年的积累和沉淀，越来越熟悉国际规则的美的从2016年开始连续进行了多笔海外并购。

❑ 2016年，收购东芝白色家电业务。

❑ 2016年，收购意大利中央空调企业Clivet。

❑ 2017年，收购德国库卡。

❑ 2017年，收购以色列高创。

❑ 2020年，收购泰国日立压缩机工厂。

这是美的国际实力增强的表现，这种方式也能让美的快速拥有海外市场、技术、工厂，以及成熟的品牌。

收购最大的难点在于重组。如何能够成功整合，是已经摆在美的面前必须攻克的难题，这也是深入国际化必然要蹚过的深水区。

（10）**品牌运营**。

从OEM、ODM到OBM，再到收购海外品牌、自建或收购海外工厂、布局全球研发中心、大笔跨国并购，美的虽然和西门子、三星、LG等国际巨头还有差距,但挑战国际巨头的底气和实力已经日益增强。

从海外的品牌矩阵来看,美的已经形成美的、东芝、Clivet、Eureka、库卡、Swisslog、GMCC、威灵、Comfee等在内的多品牌组合,可以在不同区域、不同国家进行多品牌的灵活操作。

全球突破已经是美的四大战略主轴之一。美的也已明确表示,到2025年海外销售收入要突破400亿美元(相当于2000亿元人民币以上),国际市占率达到10%,五大战略市场市占率达到15%～20%,其中东南亚区域要做第一,北美则要进入前三。

> **内容小结**
>
> 国际化是每一个大中型企业绕不过去的问题。
>
> 不出海,就没法打鱼。关键是怎样出海,才不会船毁人亡,还能打到大鱼?
>
> 美的国际化战略始终从自身实际出发,不追求上来就造大船,也不奢求出海就打大鱼,而是"稳"字当头,经过了3大步和10小步,美的一步一个脚印站上了国际舞台。

第二章 —— CHAPTER 2

文化之魂

第一节　搞定文化：人狠话不多

美的是一家不太喜欢谈企业文化的企业，但是从美的离开的人互相交流的时候，又特别喜欢谈美的企业文化。这是因为在不同企业工作以后，人们会感受到非常明显的企业文化差异。

一位企业高管曾和我说过："原来在美的做事，感觉是在跑步；现在在这里做事，感觉像在泥潭里面，往前走一步都很艰难。"也许他的说法有些夸张，但也说出了美的企业文化的一大特色：以做事为主的文化，而且是结果导向的做事文化。

我们当然可以借用美的官方 1.0 版本文化"开放、和谐、务实、创新"来说明,也可以用升级后的 2.0 版本文化"敢知未来——志存高远、务实奋进、包容共协、变革创新"做阐释,但和很多美的人讨论后,我发现这种文化最直接的说法就是"搞定"。

"搞定"来自粤语中的"搞掂",美的总部地处广东顺德,我在美的工作时学的第一个粤语词就是"搞掂",也是后来工作中用得最多的,更是在美的听到最多的。这是因为美的骨子里始终追求结果导向,搞定文化就是结果导向,从行为表现来看颇有一种人狠话不多的特色。

1. 人狠

外界看美的,觉得是一家安静的企业,不显山不露水。但内部人最清楚,美的是一家始终在"折腾"的企业,折腾组织,折腾人,折腾产品,折腾业务……像一台永动机一样永不停歇。

- **对自己狠**

美的不仅爱折腾,而且对自己下手狠。

在组织变革上,美的每半年进行一次,幅度之大、频次之多超过绝大多数企业。

在人员调整上,美的主张"没有人不能动,而且要大胆地动"。例如在 2012 年的变革中,2.5 万名管理人员被裁掉 1 万人,其中干部减少 50%。4 年后,美的总人数从 2011 年的 19.6 万人下降到 10.8 万人,调整人员接近 9 万名。

在亲属关系处理上，创始人何享健从20年前就让子女退出美的，哪怕是最普通的员工岗位也不得任职。从集团高层到基层班组，彻底清理各种亲属关系，既无工人拉帮结派，也无高管裙带关系。

在考核奖惩上，美的规定超出目标拿双倍甚至更高额奖金，未达成目标下限则颗粒无收。对于一些重大经营或管理失误，美的会公开对各级干部进行通报，处罚金额高达百万元甚至直接撤职。

类似以上种种还有很多，这种敢对自己下狠手的做法，其出发点都源于对结果的追求。

- **对事情狠**

21世纪初，国内很多家电厂商如海尔、TCL、长虹等开始进入手机行业，并很快占领国内手机市场的半壁江山。在2000年，美的实现销售额过百亿元，内部也成立了电子公司，很多高层强烈主张进入手机行业，因为手机的市场和利润远比家电要大得多。

何享健在内部开会时问了两个问题："我们团队里面有人懂手机技术吗？我们自己的家电产品做好了吗？"答案当然都是否定的，没有自己的技术和团队，进入市场也难有作为。手机和家电完全是两类属性的产品。所以在20多年前，各大家电厂商纷纷进入手机行业的时候，美的一直不为所动。不仅不进入手机行业，就连黑色家电领域美的现在也一直不碰。这种对事情的狠劲，在于面对巨大诱惑时，让美的能清楚自己的能力边界而不越雷池半步。

然而，对于相关的白色家电领域，美的却是出手果决，敢于快速砸资源不断扩张并购，并在各个领域挑战行业老大。例如先后在空调领域与格力、微波炉领域与格兰仕、豆浆机领域与九阳等展开一场又一场的市场大战，美的也因此被行业称为"家电公敌"。

同时纵观美的历史，某种程度上就是一部白色家电领域的并购史，列举部分如下：

- 从进入空调行业开始，1998年收购芜湖丽光空调厂，1998年收购东芝万家乐，2004年收购重庆通用，2016年收购意大利Clivet。
- 进入微波炉行业，2001年收购日本三洋磁控管工厂。
- 进入冰箱行业，2004年收购华凌、荣事达。
- 进入洗衣机行业，2008年收购小天鹅。
- 进入照明行业，2010年收购江西贵雅。
- 进入智能制造时代，292亿元收购德国库卡，再收购以色列高创，7.4亿元又收购合康新能。

当然，在快速扩张的路上美的也犯过不少的错，但是敢买也敢卖，快速补救，例如：

- 2001年卖掉"商路易"，退出电子商务领域。
- 2009年卖掉云南客车、三湘客车，退出客车领域。
- 2012年变卖7000亩厂房用地和设备，不再进行低端产能扩张。

❏ 2013 年卖掉清江电机、太阳能热水器、浴霸等，退出不赚钱的非主营领域。

❏ 2022 年主动对部分业务"关停并转"。

这些卖掉和关掉的产业，是美的敢于面对的错误和不断自我否定的例证。

美的做事的狠劲不仅体现在勇于尝试和大胆投入，更体现为能够认清能力边界和不足，敢于承认错误并及时纠正。猛冲猛打看上去够狠，实际上抵抗诱惑和承认错误都需要更大的狠劲。

- **对别人狠**

这里的"别人"指的是美的的供应商和经销商。

中山有一家企业规模不算太大，每年有几个亿的销售额。企业老板见一次就和我说一次："幸亏当初做过美的供应商。"

我说："美的对供应商的要求很高，你都能做得下来，也算厉害。"

他说："美的对我们是够狠的，质量、交期、价格各方面每年不断加严，很多同行后来都放弃了。但是我坚持做了几年以后，现在再做其他客户的生意就顺风顺水。我们从美的身上赚不了太多钱，但是赚钱的能力提高很多。"

美的对供应商的"狠"体现在各方面的高标准严要求。我的很多同事都有这样的经历，经常连续几个晚上在供应商公司盯着供应商交货。供应商老板们总说："美的人逼得太紧,只能先赶出来,别的企业逼得没那么急,就排在后面了。"

对于经销商客户来说,美的的"狠"体现为坚决。

美的进行过多次渠道变革、客户调整,涉及很多经销商最直接的利益,但依然能够坚决执行下去。当然,过程中有各种惊心动魄,例如流传很广的"砸宝马"事件:1997年方洪波大刀阔斧调整经销商,由于触及很多本地经销商利益,导致他自己的宝马车被砸,但他找人把车拉到总部门口,公开给所有人看,就是要向经销商表明变革的决心。

2. 话不多

狠人话都不多,美的也是如此。

● 对媒体话不多

我原来在集团总裁办工作,那个时候听到最多的抱怨来自旁边负责外宣的同事,他总说别的企业经常会有各种采访报道,但美的却是所有领导都不愿面对媒体,不停地拒绝各家媒体报社的采访,甚至好几次终于说服何享健接受采访了,好不容易抓住机会的记者早早守在门口,摄影机也架起来了,但何享健却"临阵脱逃",让记者和外宣同事好不尴尬。

还有一次,十几年前有个同事离开美的去了某媒体工作,打电话和我聊了一下美的的近期的情况。过了几天他没经我同意,就把我们的谈话内容登在第二天的报纸上,虽然没涉及商业机密，但我下意识地知道，肯定是要被领导批评了，后来不出所料。在美的时间长了，大家都在不约而同地躲着媒体。

美的进入世界500强之前，没有像很多企业一样高调定过这个目标；进入世界500强之后，美的也不做过多宣传，我最早知道这条消息还是通过美的内部人发的朋友圈。

2018年美的举办50周年庆典，既没有去豪华奢侈的五星级酒店，也没搞万人齐聚的户外庆典；既没有数小时的节目直播，也没有明星大咖的引流活动，就像一个内部的庆生会。

有些记者想找何享健或方洪波的电视访谈资料，但发现不管是《波士堂》《鲁豫有约》还是《开讲啦》，都不见他们的踪迹，只好从内外部的一些文字报道寻找材料。

诸如此类，数不胜数。

- 对同行话不多

我的朋友在和我聊天时，有时会忍不住问我："×××又在骂美的了，美的怎么没反应？"我和多数美的人一样，先苦笑一下然后回答："他想说啥就说吧。"

美的一贯采取"打不还手、骂不还口"的方式，因为正如前面所说，美的对自己已经够狠了，在内部不断自我革命，哪还会在乎外面怎么评价。

外部的批评只会让内部更加努力。所以我们看不到创始人何享健对他人评价的任何回应，方洪波也仅仅是因为涉及产品专利和技术人员的问题，公开回应过一次，以后就再也没有回应过。

最激烈的还是美的微波炉和格兰仕对战的那段时间，市场竞争你来我往，"价格战""专利战""促销战"直至"口水战"不断上演。看到这种情况，何享健给微波炉事业部开会时一再要求"少说多做，低调务实""不要去说人家的不好，把自己的事做好"。

对于各种行业协会，美的也很少参加，即使参加也经常是派做事的员工，高层领导基本不露面，以至于多次被行业协会领导点名。

- **对内部话不多**

美的不只是对媒体、对同行、对协会等外部的话不多，实际上美的对内部话也很少。

美的内部很少开什么共识会、协调会、沟通会，更多的是开分析会、项目会、专题会。内部开会也都是直奔结果，不允许去解释外部原因，连正式会议的PPT都规定页数。内部人沟通也都是结论式开场，说得最多的一句话就是"搞定了吗？"，很少闲聊，有事说事，说完就走。

内部工作流程设置上也能充分体现这种"话不多"的特点。美的的日常审批流程节点只能是3人节点或5人节点，不允许过多人参与审核，并且要求4小时甚至2小时内审批完成，不论白天还是晚上，节假日还是国内外出差，这一点让不少互联网大公司感到非常惊讶。

美的的搞定文化表现为人狠话不多，既不维护自身的正确，也不太在意别人的看法，只管一心做好并做成自己的事。

美的为什么能形成这种搞定文化呢？主要有下面三点原因。

第一，"企业家文化"的一脉相承。

企业文化就是企业家文化，这句话放在美的身上非常准确。

美的创始人何享健经常说："我普通话说得不好，说话别人听不懂。不懂还好，懂了很可能发现我说的话是错的，所以我就少说话、不说话了。"但实际上普通话不好就说得少，仅仅是表面原因，毕竟美的也有普通话很好的对外发言人，但依然很少看到美的会主动制造新闻见诸媒体。因为何享健认为，说得再多也不如干起来。何享健反复在内部强调"少说多做""多学习别人的经验和教训，把自己的事情做好，不要老去讲别人"。何享健嘴里很少会有高深的概念或华丽的词语，一直都是用最朴素的语言讲着最基本的道理，却用结果一次又一次扩大着自己的认知和影响。

2000年年底，美的集团组织过一次"管理面对面"的活动，就是何享健面对员工的座谈会，回答员工的各种问题。我在会上问过一个问题："为什么很多企业领导人都在政府担任委员或代表，广东政府也多次邀请过您，而您却不像其他企业领导人一样担任一些政府职位呢？"

何享健的回答是："政府确实邀请过很多次，但我觉得一个人在某一方面能做好就很不错了，不可能哪方面都做得好。而我觉得自己只适合做企业，不适合做政治，把自己的企业做好，也是做了大贡献。"

不为政治头衔和政治地位所动，这在企业家身上难能可贵。何享健身上有顺德老板闷头做大事的传统，但这种狠劲又突破了很多顺德老板的局限。

方洪波原本并不是低调的风格，做空调事业部总经理时，也会和集团部门或其他事业部发生一些冲突和争论，而且毫不让步，但在何享健不断的熏陶和"调教"下，方洪波变得越发沉稳内敛。从方洪波的变化，我们也可以看到何享健这种人狠话不多的行事风格，这种风格影响了一批又一批的高管，慢慢地沉淀成了无处不在的企业文化。

第二，长期的"结果导向"让关系简单。

有不少人离开美的进入其他企业，工作一段时间后大家互相交流，发现在美的工作"累"和有些企业工作"累"是两种不同的概念。美的工作"累"，是工作量大、期限要求短、不会也要学着做等，都是和工作本身相关。有些企业工作"累"，是人际关系复杂、照顾上下级情绪、考虑周围人想法等，都是和人际关系相关。

第一种身累，第二种心累。身累但心无负担，心累就状态低下。第一种逼人成长，第二种磨灭斗志。很多人离开美的刚进入其他企业的时候，都想着要大展拳脚，做一番成就出来证明自己，但不少都发现由于内部关系复杂，处处掣肘难展拳脚,想在内部做一些不同的事,不仅效率低下而且往往不了了之。

美的为什么可以很好地解决内部人际关系这个普遍难搞的问题呢?主要有以下两点原因。

其一,从高管团队到基层班组,彻底清理亲属关系。

这一点非常重要,否则老婆是财务,弟弟是采购,小舅子是供应商,七大姑八大姨都和企业有错综复杂的关系,"外来户"不可能有更大的作为,高层次的职业化人才一般也不会选择这样的企业。

何享健正是极有远见地看到了这个问题,所以早在20年前就让亲属全部退出美的,这才有了后面如方洪波、赫恒乐等一批又一批职业经理人队伍的崛起,同时美的经常从上到下全面清理亲属关系,想方设法消除人际关系的潜规则,也才有了各级人才大展身手的舞台。

其二,所有人都是结果导向,唯一能证明自己的只有业绩。

谁业绩好,谁在企业就收入多地位高,谁就可以争取更多资源、拥有更大舞台。没有业绩结果,其他方面关系处理再好、人缘再好、口才再好,都没有用。何享健公开讲过"最反感下属给他拎包开门,有这种心思多用在工作上拿结果出来"。由于人际关系的处理变得毫不重要,每一个人都把关注点放在如何解决工作中的问题,如何能提升业绩上。

长期以来,这种"结果导向"使得大家都紧紧围绕工作,不论是上下级关系,还是业务相关的关系,都变得非常简单，不掺杂其他复杂的成分，大家除了把更多的精力放在做事上，没有更多的心思可动。内外沟通上，外部能免则免，内部能简则简。一切围绕结果，做事追求搞定，人狠话不多的搞定文化也就逐渐形成了。

第三，严肃的"内部契约"让做事狠辣。

前几年，有一本名为《请给我结果》的书在企业间很畅销，这本书从心态、行动、责任等多个方面强调了个人如何拿结果，但没有从企业管理角度出发，讲如何推动员工拿结果，如何保证"结果导向"发挥作用。

美的长期坚持的"结果导向"之所以能深入人心，并且让每一个人身体力行，这和美的严肃的内部契约机制是息息相关的。

这种内部契约机制最明显地体现为各事业部总经理、各级总监每年签订的经营责任制。不论中间经过多少博弈，不论目标定高了还是低了，只要签订下来，美的就会真刀真枪地执行、真金白银地奖励，绝不打折也绝不放水。

内部契约机制还很明显地体现在人员任用和奖励上。有些企业高管会和员工说"今年任务达标了，明年升你做经理"，但等员工完成目标，又会用没有名额等各种借口能拖就拖。这种情况在美的不会出现，不仅承诺的会兑现，经常是哪怕没有承诺，只要员工业绩突出，美的都会主动给员工升职加薪。身边这样的案例多了，更多的人就会全神贯注地追求结果，而不会想其他的歪门邪道。如果靠会说话就能加官晋爵，员工就会拼命练习溜须拍马的技能；如果靠业绩才能飞黄腾达，员工就会拼命奋斗。

美的严肃的契约机制不仅会主动奖励和重用那些有业绩的人，对于业绩差没结果的人，也会对其进行轮岗、降级直至淘汰。严肃的契约机制没有人情可讲，只会根据业绩结果发挥作用。这就是为什么美的很多高管时刻充满危机感，因为把一年的业绩做好也许容易，但想每一年都把业绩做好却很难。

在严肃的契约机制面前，美的人只有一个选项：少说多做，尽快搞定。为了持续取得业绩增长，美的人只能做事狠一点，再狠一点。

> **内容小结**
>
> 美的的搞定文化是一种毫不张扬的、静水流深的文化，在这种人狠话不多的搞定文化下，企业往往能把事情做成。
>
> 这是创始人何享健的企业家文化精神的一脉相承，是何享健做人行事风格的沉淀。同时，长期的"结果导向"和严肃的"内部契约"，让美的内部人际关系变得异常简单，让围绕工作的人多、围绕领导的人少，让做成事的人多、说空话的人少。

第二节　变革文化：停不下来的鲨鱼

1. 变革超过 500 次，你信吗

所有进入美的接受过入职培训的员工，我不知道有多少人能背得出愿景、使命、价值观，但一定记得住这句话——"唯一不变的就是变"。这也是每当有人问起对美的最大的感受时，我会脱口而出的一句话。

美的是这么说的，也是这么做的。何享健曾多次谈到变革的频率和原因："我们年中要调整一次，到年底也要调整一次。市场经济就是这样的，产业调整、企业调整、组织调整不是你想不想的问题，而是你要生存、要继续发展，就必须调整。"

每半年进行一次调整变革，这在美的是不成文的规定。这种常态化的变革已经在内部形成了一种习惯，甚至是条件反射。如果半年时间到了，还没有进行变革，大家反而会纳闷以至于猜测"是不是之后要进行更大的变革？"

美的半个多世纪的发展历程中，到底做了多少次变革？没有人能说得清。不过我们可以来做一个大概的测算。以 1997 年美的事业部制改革为分水岭，之前的不去管它，我们估算一下 1997～2022 年这 25 年来的变革次数。按照半年一次的最低频率，集团层面至少有 50 次（25×2）；按照最保守的 10 个事业部来算（最多时超过 20 个，刚实施事业部制时最少也有 5 个），事业部层面总共至少有 500 次（25×2×10）；至于事业部下面的二级公司或部门层面，数

量更多完全没法估算了,再上一个量级应该是不成问题的。

这么算下来,用"成百上千"来形容美的变革之多毫不夸张,这也是为什么美的人经常把"我不知道还能做多久"挂在嘴边。虽然每一次变革会不会变到自己头上是不确定的,但是由于变革是常态,所以迟早会变到自己头上就是确定的。

变革已经内化为血液,演化为基因。美的也从不追求稳定,总是在变革中追求一种动态的平衡。美的内部变革之时,高管们经常称之为"高速路上换轮胎",后来又升级为"战斗机空中加油",总之就是不能靠边停车,更别想进个加油站再出发。

敢于变革,不惧怕变革,主动拥抱变革,这种文化基因只能在多年来成百上千次的变革中锤炼出来。

2. 要生存要变强,做停不下来的鲨鱼

在变革这件事上,美的更像一条停不下来的鲨鱼。因为鲨鱼体型庞大,密度比水稍大但没有鱼鳔,导致鲨鱼如果不积极游动就会沉到海底。为了保证一直处于水中,并获得足够的食物,鲨鱼就必须不停地游动。停下来的那一刻,就是走向消亡的一刻。鲨鱼的不停游动是一种迫不得已,但恰恰是这种迫不得已带来的不断进化,使得即使体型庞大仍能有3种鲨鱼跻身世界游泳速度最快的10大鱼类之中。

生存的危机感产生不断的行动,不断地行动形成强大的能力。要生存要变强,就做停不下来的鲨鱼。美的成长的过

程就是将市场的危机感不断地通过变革传递到企业内部，形成强大组织能力的过程。

早在1999年美的销售额还没有突破百亿元时，何享健就在大会上提醒全员："一个企业最辉煌的时候，往往也是走向衰落的时候，只有不断地调整和变革才能幸免，因此要时刻保持危机感和紧迫感，保持组织的活力、机制的活力。"方洪波在2018年推动变革时说："危机在堆积，我们能做什么？我们唯一能确保的就是变革。要练就否定自我和创新的速度，就是要敢试、敢想、敢干！"

身处空间巨大但竞争激烈的家电市场，美的通过高目标高激励的方式让各路人才快速奔跑和不断跳跃。不论多高的目标、多大的压力，谁能搞定，谁就是能人、牛人，就是可以获得金钱、荣誉、地位、成就感的人；如果搞不定，那么对不起，美的内部没有人会听解释，请把机会让给能搞定的人，这是搞定文化对人性积极一面的激发。

那如果不是个人搞不定，而是整个团队、整个组织都搞不定，怎么办？

答案是：变革，而不是停下来慢慢等待。

变革，在危机中解决生存问题，在发展中解决强大问题。要生存要变强，唯有变革。不论是生存还是变强，都是一个组织要搞定的目标，冲着目标推动组织变革，变到能再次搞定为止。能搞定就快搞定，搞不定就变革，变革后要搞定，搞不定再变革。搞定文化催生变革文化，变革文化促进搞定文化，二者不断循环，成为美的的文化内核。

3. 变革要敢于认错，善于纠错

变革，绝大多数时候是做原来没做过的事，这就意味着难免犯错。变革中怕犯错是人之常情，然而怕犯错并不能避免犯错。从来不犯错还没有人能做到，也没有哪个企业能做到，如果能做到"不贰过"、善纠错，就可以解决少犯错的问题，就已经非常难能可贵了。

美的在每一次刚完成变革之时，会特别关注新组织的运作情况，要求财务、人力、营运等部门从不同维度对变革后的组织进行跟踪评价。财务主要从每个月的数据表现，看经营情况的变化趋势；人力从领导班子、干部团队、员工队伍的表现，看每个层级的工作状态；营运从组织效率、上下游合作伙伴、外部客户的反应，看内外部运作变化。

我当年负责营运与人力资源部门时，每逢变革都要长时间下沉到相应的组织和团队中，一看落地过程是否达到变革初衷，二看变革举措哪里需要进行优化。变革不能指望一次到位，应该多次调整到位，关键是要建立善于纠错的机制，既能动态调整，又能总结成败，既减少当次改革犯错的代价，又降低下一次犯错的概率。

要做到这一点，有一个很重要的前提，就是领导者在发现错误的时候要敢于承认自己的错误，敢于否定自己。因为变革往往是领导者从上至下推动的，领导者也可能出现误判，而且随着时间的推移，原来正确的事情也可能变得不正确。这时候，领导者是维护自己的面子逃避错误，还是放下身段及时纠正，就决定了截然相反的两种结果。

何享健总结自己变革的经历时曾说："很多事情，当时我坚持推动。现在要调整，也是我自己否定的。我能做到这一点，能肯定自己、否定自己，与时俱进。"方洪波也公开讲过："在美的，没有什么是不可以否定的。否定一下自己，又有什么好怕的呢？"

企业的纠错机制中，首先需要领导者敢于认错，没有当家人敢于认错的勇气和魄力，就不会有持续变革的推动，也不可能建立善于纠错的机制。

关于美的具体的组织变革等内容，在第三章中还会有详细阐述。

> **内容小结**
>
> 美的以变革著称，多变、敢变、求变，半年一小变，一年一大变，唯一不变的就是变。
>
> 美的是一条停不下来的鲨鱼，是在不断变革中求生存、谋发展的典型代表。
>
> 能将变革形成文化，来自领导者敢于认错，敢于自我否定。

第三节　接地气文化：做企业不需要光环

2021年4月底，一位企业规模达200多亿元的企业家朋友和我说了一个真实案例：年初他和其他企业家们组织了一个参观学习团，以"工厂自动化"为主题，专门参访各行业标杆自动化工厂，先后去了西门子、丰田、美的、格力、海尔等。

行程快结束的时候，同行的一位企业家说："感觉还是西门子的最先进，基本都是全新的机器人，现场也看不到什么人。相比之下，美的没那么先进，有些设备还是半自动的，而且现场有些工位还是有员工在操作。"

这时候，我这位企业家朋友回应说："我们看自动化，不能看谁买的机器多、谁的机器新，因为这是实际的企业经营，不是展览秀场。相反，我觉得美的这种做法非常接地气，美的不是出不起这个钱，却没有那么做，说明它的任何投资都讲究投入产出，半自动化能解决的就半自动化，手工操作简单易行的就没必要花几十万元买个机器人放在那里给别人看，就像丰田组装工位，也有很多人工操作。美的的做法是非常接地气的，是真正从企业实际出发，值得我们做企业的学习。"在这里，我要感谢他对美的的中肯评价。

光环容易让人目眩，也容易让人迷失，而做企业最讲究实际，如果追求光环并被光环笼罩，就难免脱离实际变得飘飘然，美的远离光环的做法是时刻保持接地气。接地气就是务实，就是脚踏实地，就是实事求是，就是具体情况具体分析，接地气文化也成为美的企业文化中非常突出的一种表现。

1. 不为面子而活

2008年中央有位领导来到顺德，问何享健"是什么文化程度"，何享健回答"小学毕业"，还是领导一句"你都是博士后了"让在场所有人松了一口气。何享健不论说话做事都是实事求是，从不为了面子而活，这在企业家中非常难得。

例如，中国不少企业在达到几十亿元规模时，都热衷于盖总部大楼彰显企业形象。美的在2000年就突破了100亿元，虽然内部也有高层建议盖一座新的总部大楼，但是一直被何享健否决，理由是："盖大楼始终是面子工程，没有高楼大厦一样可以搞经营。你们看之前的巨人大厦、健力宝大厦，哪一个盖了有好结果？不要为了面子去花钱。"

之后还有人提议将美的总部从顺德北滘搬到广州或深圳，也被何享健否决："总部在广州还是深圳，只是听上去好听而已，但问题更多，总部搬迁劳民伤财，还给顺德政府惹麻烦，这样不好。"直到2006年美的营收接近600亿元，何享健才终于同意动工，并仍将总部安在了顺德北滘，但在2008年又再次叫停以应对国际金融危机，直到2009年12月总部大楼才竣工，2010年美的营收超过千亿元，总部大楼正式投入使用。

何享健这种"不为面子而活"的做法已经内化成为美的务实的接地气文化,使得美的人从不为了面子做事,更不会为了面子死撑到底。

2. 保持自知之明

几乎所有的企业都想主动转变,不断做大做强。不过,很多企业的转变是这样的:电扇不好卖了就转做空调,空调卖不动了就转做电视,电视也不行了还可以做手机。其中缺乏一种自知之明的内在逻辑。

2008年,GE找上了美的,希望美的收购GE白色家电业务。虽然美的滚筒洗衣机一直给GE贴牌,GE和美的也有资本合作,双方还成立了一家合资公司,但何享健和方洪波依然明确表示不会考虑收购,何享健给出的理由是:"GE本身是很牛的国际化企业,而我们对国外并购还没有多少经验,跟它打交道合作,整合成本太高。我个人认为,目前中国企业根本没有能力整合GE,老老实实做GE的贴牌比较现实。"

对于该做什么,不该做什么,何享健始终保持着一种自知之明,这种自知之明表现为面临各种选择时,他能带领美的去寻找问题的"根本解":市场的需求够大吗?行业未来的发展逻辑是怎样的?自己的核心能力是什么,目前在什么水平,该怎样提升?首先要把这些本质问题弄清楚了,才会去选择做或不做,自知之明让美的本分做事。

美的收购德国库卡、以色列高创等，都是围绕白色家电领域的上游和制造端发展出来的，美的至今没有进入黑色家电以及手机等领域，是因为从始至终发展的核心能力都聚焦在白色家电领域，是通过白色家电产业的专业化来实现白色家电产品的多元化。何享健的原话是："20世纪90年代以来，很多人劝我做黑电、手机等，我都不同意。别人能赚到的钱，未必就是我们能赚到的。即使现在能赚到，以后也不一定能赚到。"

2014年之后，GE再一次出售白色家电业务，这一次美的具备了整合能力，也积极参与竞标。但由于海尔报价高达388亿元，远远超出美的预期，美的再次果断放弃。

长期保持自知之明，让美的很少会超出能力范围做事。

3. 专心经营企业

很多企业做事变"飘"，脱离企业实际，往往与领导人的关注重心转移和分散有很大关系。中国不少企业家会以获得更高的政治或社会头衔为荣，在经营企业之余，难免就会投入更多精力在企业之外。然而在美的，从何享健到方洪波，美的领导人的重心始终放在企业自身的经营上，心里想的都是怎么解决企业自己的问题。

何享健曾说过，"企业家要懂政治，但不要搞政治，更不能热衷于成为一个政治或明星人物"，"我最大的责任，就是做好美的这家企业，这是我人生最大的理想、最大的愿望"。在这种文化氛围之下,美的每一位事业部总经理、每一位干部,也都是眼光向内、专注自身。

如果能做到专注经营、心无旁骛,自然不会好高骛远、脱离实际,接地气也就是一种自然的表现。

4. 善于学习"失败"

如果说除了以上三点,一定还要有一条理由说明美的为什么能做到接地气,那就是善于学习"失败"。

早在1984年,美的曾尝试过涉足贸易领域,但遭受了很大的损失。何享健从那次失败中吸取的教训是:"决不能被短期利益遮蔽住眼睛而采取短期行为。美的应该踏踏实实地围绕主营业务进行发展,不能随便涉足主营业务以外的领域。"

美的既从自身的失败吸取教训,也不断用别人的失败警醒自己。2001~2003年,我在集团总裁办工作,那时候会经常给高层传阅各种企业管理案例,里面更多的是失败的案例,如半球、巨人、三株、飞龙、爱多等。吴晓波在《大败局》中讲的案例,美的都认真研究过。

何享健在内部开会时就经常讲:"我十分关注失败的企业,因为成功企业的经验不一定适合我们,但失败企业的教训就肯定对我们有借鉴作用。""一个企业,一个人,在好的环境下容易出事,容易乱来,容易忘乎所以。但是很快,别人的失败让我意识到,我们的管理、资源、人才根本支撑不了这样的扩张。我很快便冷静下来了。"

学习别人的失败来保持自己清醒,美的一次又一次让自己变得更加务实、更加接地气。

> **内容小结**
>
> 低调、务实、接地气、多做实事、讲求实际,这些词一点都不高大上,也缺少光环笼罩,但美的已经实践了半个多世纪,因为做企业不需要光环。
>
> 不为面子而活,保持自知之明,专心经营企业,善于学习"失败",这些使得美的能够不断保持清醒,始终脚踏实地。

第三章　CHAPTER 3

变革之心

第一节　组织不动，变革没用

1. 组织变革有最好的时机吗

2021年春节前，我去了一家百亿企业。企业管理者对美的的组织变革非常感兴趣，因为他正在思考自己企业变革的方向和方式。我用15分钟描述了美的2012年的变革，他听完之后很感慨，但说的第一句话让我感到意外："美的搞组织变革，时机选得真好。"

我们在第二章第二节中估算过，美的自1997年事业部制改革以后,从集团到各事业部大大小小的组织变革,加在一起远远超过 500 次,如果要靠时机选得好,不可能选中 500 次好时机,如果说非要考虑时机因素,那么美的变革所选的时机,就是每一次意识到问题的当下。

美的的组织变革没有拖延症!美的组织变革的决心不一定是源于对未来 100% 的肯定,但至少是对当下 80% 的否定,美的近 30 年所主动采取的组织变革从来没考虑过什么时机是最佳时机,考虑最多的反而是"再不变就来不及了"。

2. 组织变革的八个阶段

组织架构是企业运营管理的基础承载结构,是组织作战时的基本阵形。不断地"变阵"只有一个目的,就是为了打胜仗。为了更清楚地呈现整个过程,我将美的半个多世纪以来组织变革的阶段分得细一些,即以下八个阶段。

(1)**自发性质的组织:创业初期(1968~1979 年)**。

1968 年何享健带领 23 个人成立街道办塑料生产组,1975 年团队达到 60 余人,主要生产塑料五金制品,1979 年员工增至 180 多人。这是从生产自救到组织自发,所以组织架构上没有太多的讲究。

值得一提的是,这一阶段虽然员工增加近 200 人,但是管理人员一直保持 6 个人,管理层足够精简。

（2）集权的直线职能制组织：进军家电（1980～1991年）。

得益于进入家电领域，美的营收快速增长，从1980年销售额不足百万元到1991年达到3亿多元，员工人数突破千人，产品以风扇、空调两大类为主，初步形成在董事会领导下，各职能部门各司其职的中央集权的直线职能制组织（见图3-1）。

（3）股份制改造下的集权的直线职能制组织：公司上市（1992～1996年）。

从这一阶段开始，美的进入第二个高速发展期。1992年美的进行股份制改造，1993年成功上市，随之迎来了持续的高速发展，营收从1992年的4.87亿元增长到1996年的25亿元，4年增长了4倍多，员工人数也快速达到7000多人。

美的通过股份制改造开始规范治理结构，成立了股东大会，增设了监事会和审计委员会。从组织架构上来看，相比20世纪80年代，美的的职能部门进行了整合和精简，并在风扇厂和空调厂之后，新增了威灵开料厂和威灵电机厂（见图3-2）。

上市带来了现金流的丰裕、个人财富的骤增，再加上营收的暴涨，导致整个企业几年内都沉浸在上市后的狂欢之中，然而集权的直线职能制组织框架并没有改变，这也埋下了组织与业务发展不匹配的巨大隐患。

第三章 变革之心 | 113

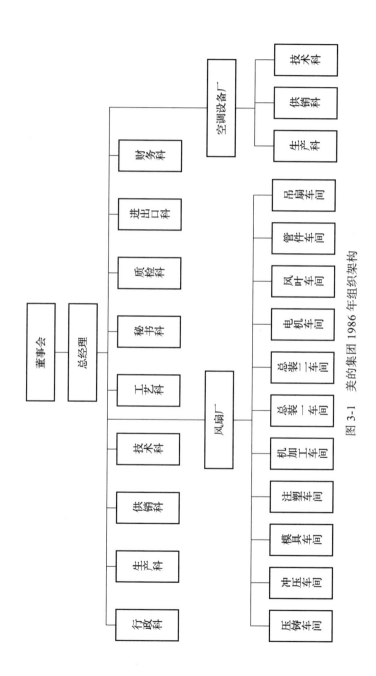

图 3-1 美的集团 1986 年组织架构

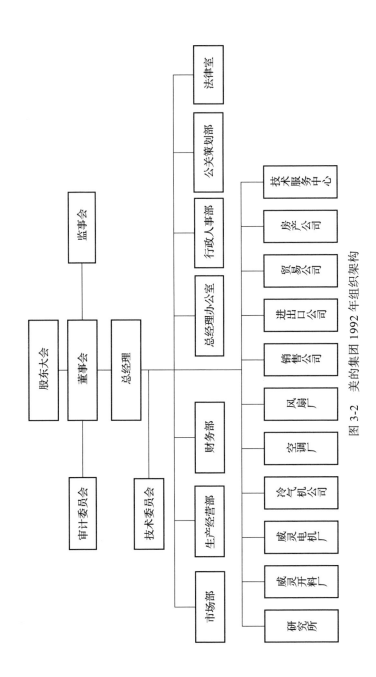

图 3-2 美的集团 1992 年组织架构

（4）分权的事业部制组织：事业部制改革（1997～2001年）。

在这个阶段，美的迎来了组织变革中最重大的一个转折点——事业部制改革，事业部制模式是美的延续至今的组织管理模式。

1996年，美的已生产包括空调、风扇、电饭煲在内的五大类产品，品种多达1500多种，延续已久的大一统式的集权管理已经无法兼顾，表现在外部市场上，美的空调销量从行业前三下滑到第七，1997年营收从上一年的25亿元下跌到21.8亿元，而且当年利润仅来自一些投资收益。

1997年美的有1万多人，所有部门事无巨细都向何享健一人汇报，等待何享健一人指示。何享健每天都有看不完的文件、签不完的字、加不完的班。公司出现问题，既没人负责，也没人解决。何享健作为一家之主，事事亲力亲为，压力极大。

美的陷入倒退的旋涡，在何享健看来，此病已经"深入骨髓"。"企业大了，整个体制不适应，也是大企业病，体现了高度集权，却没效率，下面没动力、没压力、没激情。"

"高度集权"成了症结所在，实施分权管理的事业部制势在必行。为了让高管们对事业部制加强认识，何享健特意请专家来进行培训，不料有人在下面窃窃私语，甚至有人现场提出反对。何享健忍不住冲上讲台，从专家手中抢过话筒，厉声宣布："美的只有搞事业部才有出路，事业部是美的必须要走的一条道路。"台下顿时鸦雀无声,所有人都明白了何享健的言外之意:谁阻碍变革,谁就出局。

随着何享健的一锤定音,事业部制改革正式启动。美的从原来大一统的集权模式,形成以产品为核心的空调、风扇、电饭煲、小家电、电机五大事业部(见图3-3),责权利明确,研产销一体,各事业部独立核算、独立经营,由集权到分权,极大激发了员工的经营活力。企业营收从1997年的21.8亿元一路高歌猛进,于2000年突破百亿元,员工人数也达到13 000多人。

(5)**深化分权的事业本部制组织:小家电分拆+本部制**(2002~2006年)。

2002年开始,美的在大家电、小家电及集团都进行了较大的组织变革。

在大家电方面,为解决空调产品一家独大的问题,美的成立冰箱公司发展冰箱产品业务,同时将商用空调业务从家用空调业务中独立出来,在原空调事业部的基础上成立了制冷本部,该本部成为大家电运作平台,旗下包含家用空调事业部、商用空调事业部、冰箱公司以及海外营销公司。

在小家电方面,动作更大。2002年6月美的将家庭电器事业部"一分为四",分拆为风扇、电饭煲、饮水机、微波炉四大事业部。那时我在集团总裁办,参与了这次组织变革的全过程,当时讨论了几种方案,如一拆二、一拆三、两两之间组合等,后来集团还是决定将分权进行到底,将家庭电

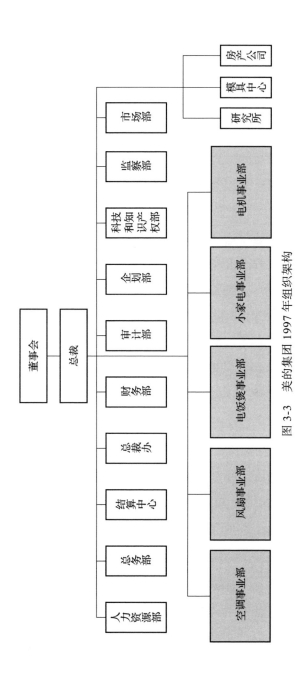

图 3-3 美的集团 1997 年组织架构

器事业部拆分为最彻底的四个事业部。2003年美的又将厨具事业部拆分调整，分别成立厨具公司、洗碗机公司、热水器公司、日电公司。

在集团方面，为满足上市公司"三分开"的监管要求，美的将集团总部、上市部分、非上市部分做了彻底分离。对于非上市部分取名"威尚"，是谐音"未上"的意思。

从事业部的数量来说，出现了一个增长高峰，这是美的通过组织上的深化分权来进一步推动多元化发展的结果，同时事业本部首次出现，开始形成大家电、小家电、非家电制造的管理平台（见图3-4）。

这一阶段，美的营收从近150亿元增长到570亿元，员工规模达到4万多人。

（6）**两级集团的超事业部制组织：产业整合（2007～2011年）**。

随着规模和品类的进一步增长，美的从产业整合的角度出发，在原来制冷本部、股份公司本部、威尚本部的基础上，组建日用家电、制冷家电、机电装备、地产发展四大二级产业集团，形成了两级集团的超事业部制组织（见图3-5）。

在管理运作上，一级集团向二级平台"放权"，二级平台向三级事业部"收权"，重新明确了一级集团做大价值、二级集团做大产业、三级经营单位做大市场的崭新定位和管理关系。

这一阶段美的再次高速发展，营收从750亿元增长到1341亿元，员工规模达到19万多人，为历史最高。

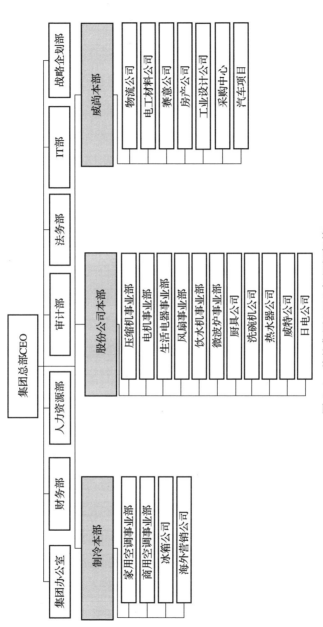

图 3-4　美的集团 2003 年组织架构

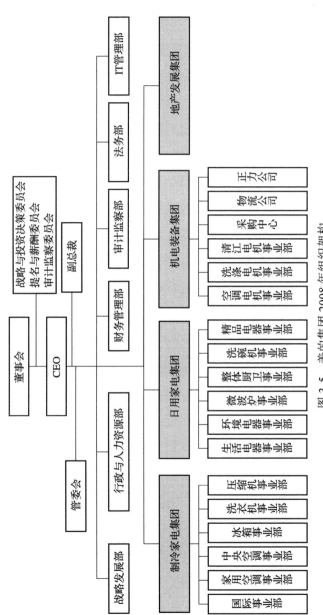

图 3-5 美的集团 2008 年组织架构

（7）**集团扁平化的事业部制组织：小集团、大事业部**（2012～2015年）。

美的于2010年实现了千亿规模但大而不强，出现利润下滑、组织膨胀、人员扩张、无效投资增多、亚文化泛滥等症状，大企业病再次袭来。

2012年方洪波正式接管美的大权，推动了从规模导向到利润导向的艰难转型，同时建立"一个美的，一个体系，一个标准"，做了美的有史以来最大规模的组织变革：取消了长达7年的二级产业集团，减少管理层级，实施扁平化运作，大幅缩减一二级集团职能部门，将总部职能部门减少至8个，并将15个事业部合并为9个大事业部，同时为实现资源共享与协同一体，成立了7个业务平台，逐步形成了以用户和产品为中心的"小集团、大事业部"的"789"组织架构，这是一种集团扁平化和一体化的事业部制组织（见图3-6）。

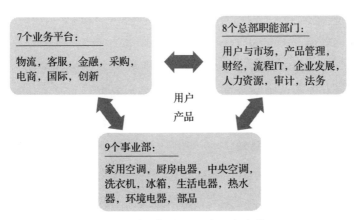

图3-6 美的集团2015年组织架构

这 4 年时间，美的总体营收从 1027 亿元增加到 1393 亿元，净利润从 33 亿元大幅增长到 127 亿元，人员规模达到 10.8 万人。从结果来看，这一阶段为战略转型而进行的组织变革，其效果异常显著。

（8）纵横协同的用户中心型组织：泛制造业 + 横向协同平台（2016 年至今）。

从 2022 年组织架构设计来看，美的正逐步打造一个用户中心型组织，包括五大业务板块、数十个经营主体提供产品或服务，集团职能部门负责纵向一致，相关业务平台实现横向协同（见图 3-7）。

这一组织架构表明，美的已经不是一家单纯的家电集团，而是在努力转变成为一家泛制造业的科技集团。在这样的组织架构下，美的近几年不断拓展 To B 业务，逐步升级科技化，以及全面进行数智化转型。

2022 年，美的营收达到 3457 亿元，净利润为 296 亿元，员工数量为 16 万多人。

不难想象，随着五大业务板块规模和复杂度的增加，为支持各大事业群的发展，美的在组织架构上未来有可能再次出现类似于产业平台的二级集团组织，管理权限会再次向业务板块的事业群倾斜。

第三章 变革之心 | 123

经营主体						集团职能
智能家居事业群	家用空调事业部	洗衣机事业部	冰箱事业部	生活电器事业部	厨房和热水事业部	
	微波和清洁事业部	IoT	东芝事业部	中国区域	电子公司	
工业技术事业群	空压产品公司	电机产品公司	冰压产品公司	新能产品公司	美的国际	
	汽车部件公司	美仁芯片公司	东芝电子科技产品公司	高创运动控制公司		
楼宇科技事业部	氟机产品公司	水机产品公司	电梯产品公司	上海美控公司	美垦半导体公司	
机器人与自动化事业部	库卡中国	库卡				
数字化创新业务	安得智联	美云智数	美智光电	美的金融		
	西式小电	U净公司	美智科技	万东医疗		

纵横协同
以用户为中心

协同平台		总裁办	战略发展
中央研究院		财经	人力资源
智能制造研究院		品质与智能制造	品牌传播
IT中心		法务	投资者关系
数据业务中心		数字化办公室	审计与风控
AI创新中心		供应链管理	企业业务
软件工程院			
国际物流共享平台			

图 3-7 美的集团 2022 年组织架构

资料来源：根据公开资料整理。

> **内容小结**
>
> 组织变革是解决管理天花板的重要手段,也是支撑战略发展的承载基础。
>
> 组织变革的成功,很难依赖于好时机,有时凭借的是最坚决的否定与当下的勇气。在美的半个多世纪的发展历程中,组织变革在大的变化上经历了八个阶段,但绝不会停止,还会在未来的岁月里不断地演变下去。

第二节　打破增长的 3 块天花板

"唯一不变的就是变",这句话现在已经司空见惯了。我最早知道这句话是在 1999 年,也就是 24 年前以毕业生身份加入美的的时候,再之后就是不断地置身于一次又一次的变革之中。

我一开始还有点不习惯也不明白,为什么美的总是不停地折腾,特别是处于变革阵痛期的时候,很容易产生这种困惑。然而美的用 50 多年的持续高速发展证明了正是一次又一次的变革,才让美的从一个乡镇企业成长为世界 500 强。

1. 变革与增长

美的很多时候所采取的变革几乎都会带来新一轮的增

长,下面我举几个典型的例子。

1997年,美的事业部制改造。美的从高度集权的公司制直线管理,变革为大幅分权的事业部制管理,营收在1997年下滑到21.8亿元,1998年大涨67%,之后一路增长突破100亿元(见图3-8)。如果将非上市业务计算在内的话,美的营收在2000年就突破了百亿元。

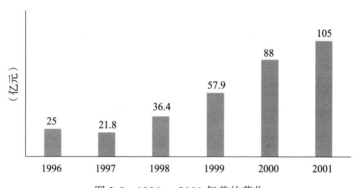

图3-8 1996～2001年美的营收

资料来源:美的年报。

2002年,家庭电器事业部分拆,其主要产品是小家电,我们以最主要的风扇和电饭煲的营收来看。变革后第二年营收实现回升,第三年实现大幅增长,风扇同比增长61%,电饭煲同比增长78%(见图3-9)。

2005年,美的进行组织与流程再造,空调事业部实施营销中心实体化运作。以家用空调的营收来看,2005年当年就同比增长47.5%,连续三年大幅增长,2007年营收达到2004年的2.12倍(见图3-10)。

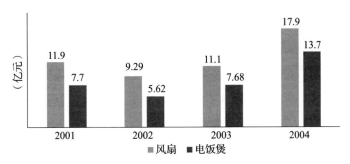

图 3-9　2001～2004 年美的风扇、电饭煲营收
资料来源：美的年报。

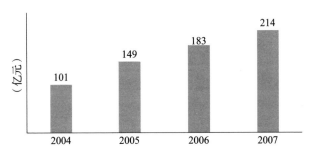

图 3-10　2004～2007 年美的家用空调营收
资料来源：美的年报。

美的后面十几年的变革更多，还有一系列的收购兼并，也都伴随着不断的变革，绝大多数都带来了业务的增长，我就不一一举例了。

我们都知道"穷则变，变则通，通则久"，然而我的咨询经历却告诉我，很多企业虽然都在努力变革，但"变"了却很难做到"通"，更不要说做到"久"了。那么美的搞变革，为什么总能带来新一轮的增长？因为美的的变革总是在不断地打破企业的 3 块"天花板"：组织天花板、人才天花板、能力天花板。

2. 打破组织天花板

组织不动,变革没用。美的每一次的变革都是以组织的调整为发令枪。

2010年以前,即美的达到千亿规模以前,组织变革大体上以"分"为主。2011～2020年,这十年的组织变革大体上以"合"为主。进入2021年,又一个新的十年,美的二次孵化"第二跑道","分"的趋势又开始显现。这么看,真的是"分久必合,合久必分"。

然而实际上,美的组织的"分"与"合",并不应该简单地以时间为界限,而要以是否打破组织天花板为管理逻辑(见图3-11和图3-12)。因为不打破组织天花板,就无法突破增长瓶颈,也就无法实现企业的高速增长。

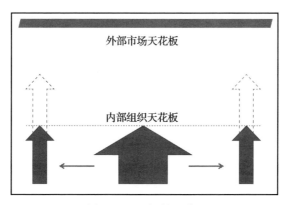

图3-11 组织的"分"

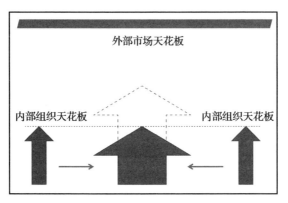

图 3-12　组织的"合"

先以前面提到的 1997 年事业部制改造为例,来看美的组织的"分"的逻辑。美的以原来的集权式组织做到 25 亿元规模,无法适应多品类发展,已经达到组织管理的天花板。这时候打破原来组织的天花板,从 1 个单元分拆成 5 个小单元,然后每个小单元再做到 20 亿元左右规模,整个企业就可以突破百亿瓶颈,这就是简单的"分"的逻辑。

实际中,美的从"统购统销"的集权式管理,大刀阔斧调整为以产品为中心的 5 个事业部,每个事业部迎来高速发展,仅 3 年后整个集团(含非上市部分)规模突破百亿。

再以 2018 年生活电器事业部与环境电器事业部合并为例,来看美的组织的"合"的逻辑。环境电器事业部以风扇、电暖器为主要产品,风扇更是美的第一个进入市场的家电产品,但 2014～2017 年环境电器事业部规模和利润增速都明显放缓,是美的少数营收不过百亿元的事业部之一。这时候的组织也达到了天花板，但如果像之前那样分拆，是不能再带来增长的。因为这时候组织的天花板是资源共享和效率协同的问题，而生活电器事业部的销售渠道和环境电器事业部高度相似，且已经具备销售占比超 50% 的线上渠道，又能很好地提振环境电器产品，所以将生活电器事业部和环境电器事业部进行组织合并，以一套人马运作近 200 亿元规模的产品，由于产品和渠道的相似性，管理难度并没有明显增加，但是人均销售额、人均效率却大幅提升，这就是简单的"合"的逻辑。

不论"分"还是"合"，打破组织天花板是根本的管理逻辑，这样才能突破瓶颈，重获增长。

3. 打破人才天花板

我刚入职美的的第三个月，就立下一个目标——要在两年内做到经理，否则就主动离开。这在当时来看，目标定得不算低，但也并非不可实现。因为我看到同一部门的一个女孩，来时也是应届毕业生，只比我大一届，仅用了一年时间就做到了经理。我想我也许没她那么优秀，没她那么好运，所以就保守地加了一年。

美的就是这样，可以让没有任何背景的年轻人快速成长，也经常主动打破人才天花板，从而不断给后来者以希望。

美的主要通过以下三种方式来打破人才天花板。

- **组织裂变**。美的从最早 5 个事业部，发展到后来最多近 20 个事业部，大的事业部下面还会设立多个产品公司。这种组织的裂变，必然会有大量的主管、经理、总监甚至总经理等岗位机会出现。

- **内部流动**。一个事业部的 M2（可简单理解为主管级）几年得不到晋升的话，去到另一个事业部有可能直接成为 M3（可简单理解为经理级）。原来还出现过新成立的事业部不断用高薪高职位从大事业部挖角的情况。后来在集团人力资源部的主导下，没有对此勒令禁止，相反还形成了全集团的公开竞聘制度。与其让人才外部流失，不如让人才内部流动。

- **优胜劣汰**。"美的是个跑马场"，我们在搞定文化中已经了解到，在美的内部人才能不能得到机会，最重要的是结果导向。谁经营结果好，谁跑得快，谁的机会就多、舞台就大，否则就要让位出来。"赛马机制"从创始人何享健"电脑释兵权"开始，从来就没有停止过。这让美的即使到了以合为主的组织管理时期，仍然可以不断启用后浪。

美的的变革，是主动从内部打破人才天花板，不仅让人才脱颖而出，而且让人才全速奔跑，从而给企业带来发展。

4. 打破能力天花板

随着组织与人才天花板的突破，能力天花板不攻自破。

美的从做风扇的能力，不断延伸到电饭煲、饮水机、微波炉、电磁炉、热水器等众多小家电；美的从做家用空调的能力，不断延伸到中央空调、冰箱、洗衣机、空气能热水机等大家电；美的从做空调压缩机、电机的能力，不断延伸到冰箱压缩机、泵类电机、磁控管、变压器等中间产品。

美的正是通过这样不断打破能力天花板，在产品横向、产业链纵向上，真正做到了"横向到边，纵向到底"，甚至因此在行业内被冠以"家电公敌"的称号。

当然，美的也有延伸不到的能力，例如 2004～2006 年收购云南客车、三湘客车，尝试延伸到客车领域，但没有成功，2009 年将其转让出去。实际上除了客车，美的在变革过程中，还有其他不为人知的延伸触角，例如太阳能热水器、剃须刀、浴霸等产品也没有达到预期，美的先后退出。

然而不论是同行的抵制，还是自身的失败，这些都没有阻止美的不断打破能力天花板的步伐。进入移动互联时代，美的第二跑道再次启动，机器人、自动化、新能源汽车部件、楼宇电梯、半导体、母婴产品、个护产品、医疗设备等都成为美的能力延伸的对象。

多元化在美的从来都不是一个需要讨论的问题。只要能解决组织和人才的问题，美的就会不断地尝试去打破能力天花板，否则，怎么知道这次的能力突破不是下一个增长点呢？

> **内容小结**
>
> 美的的增长并没有像苹果、特斯拉或者华为那样,在行业里创造新的需求,而是通过一次又一次的变革,不断打破组织、人才、能力的 3 块内部天花板,去努力触碰一个又一个外部市场的天花板。
>
> 当然,通过 50 多年的发展,美的已经处于家电行业领军地位,所做的不少品类开始触碰到了市场的天花板。如何创造新的需求,如何获得新的增长,也成为美的越来越大的挑战。

第三节　数字化转型,爬了 5 级台阶

1. 数字化 vs. 转型,谁先谁后

美的最初不是为了数字化而做的转型,而是先转型之后,才发现能做数字化。这几年尝到数字化的甜头,感受到数字化的威力之后,美的继续加大投入、深入推动,进而将数字化升级为四大战略主轴之一。

转型在前,数字化在后。美的对数字化的认识是从无意识到有意识,再到强意识。所以,我们不能因为今天看到美的数字化的成果,就直接反推美的为了实施数字化做了多少

变革，把很多动作都归因于数字化转型。

要知道，哪怕就是在美的数字化 1.0 的阶段，战略转型是为了解决当时的主要矛盾，而不是提前预见到了今天的数字化而做的动作。当然，那个阶段确实打下了非常好的基础，这是毋庸置疑的。

数字化从信息化走过来，进入可以利用 5G、大数据、云计算、人工智能等多种技术手段的阶段，开始为企业带来巨大的改变。美的数字化转型的实践证明，要想实现数字化必须提前做好转型动作，而这些转型动作又一定要聚焦在自己的主要矛盾上。

2. 数字化的 5 级台阶

美的数字化转型爬过了 5 级台阶（见图 3-13），每级台阶都面临不同的主要矛盾，正是在不断解决每一级台阶主要矛盾的基础上，美的才最终实现了数字化转型。

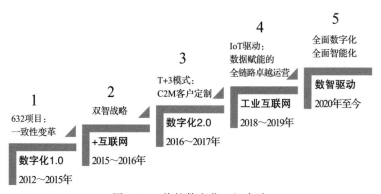

图 3-13　美的数字化 5 级台阶

我们就来回顾一下，美的爬过每一级台阶时的背景、主要矛盾和采取的核心动作。

（1）1级台阶：数字化1.0，2012~2015年。

- **背景**

美的自1997年实施事业部制以来，极大激发了组织活力，但经过15年的发展，事业部制的弊端也日渐突显：各自为战、标准缺乏、资源分散、协同难、管控弱……总之，内部交易成本越来越高，差异化远大过标准化。

- **主要矛盾**

一体化管控与深度协同，是当时的主要矛盾。

各事业部发展阶段不同，大家电与小家电的业务模式不同，产品、渠道、客户需求、管理能力等各有差异，管控流程和业务流程既无标准，又有割裂，仅是关键领域的IT系统就多达100套。

- **核心动作**

"一个美的，一个体系，一个标准"，实现"三个一"是这一阶段的目标。在这一整体思路下，2012年成为美的数字化的元年。这一年从找"一"开始，在保持事业部活力的前提下，找到美的集团的"一"，在肯定事业部业务差异的情况下，找到管理体系与业务标准的"一"，而且要至少找到70%的"一"，剩下30%才是差异性。

美的启动了632项目，实施了一致性变革，这个一致性体现为"三个一致"：流程一致、数据一致、系统一致。

2012～2015年，美的成功建立了集团级企业的标准，实现了一体化管控与深度协同。最终呈现的结果，是原来的100多套IT系统被整合升级为11个大系统，即"632"的由来：6大运营系统、3大管理平台、2大技术平台。

（2）2级台阶：+互联网，2015～2016年。

- 背景

2014年年底，美的内部系统性整合进入下半场，这时外部环境持续巨变，移动互联超过PC，大数据威力显现，小米等企业快速崛起，来自互联网的变化不断冲击美的。

- 主要矛盾

美的传统的制造业思维如何向互联网思维转变，成为当时的主要矛盾。

当年方洪波有次召集高管开会，拿出一本讲述互联网思维的书说："这本书我看了三遍，还没完全看懂，希望大家都去看看，为什么小米只做几款就能做成爆款？而我们却要整出一大堆产品，成百上千个SKU，却没几个卖成爆款？应该是我们的思维出了问题。"

- 核心动作

对外主动拥抱互联网，打造大数据平台，推动全面移动化，并进行智能制造的内部改造。一些比较大的对外合作包括：2015年4月，与阿里签署战略合作协议；2015年5月，向小米定向增发5500万股；2015年8月，与日本安川合资成立两家机器人公司；2015年11月，与科大讯飞签署战略框架协议……

营销端,建立对市场大数据、渠道和用户数据的搜集和分析机制,动态捕捉变化趋势;研发端,引入并推广CDOC方法论,同时利用大数据和移动平台直达用户,精准识别用户需求,锻造爆款思维。

双智战略"智慧家居+智能制造",就是这一阶段的战略思想。智慧家居,就是要利用大数据和移动化来快速精准定位,并对产品进行智能化升级。智能制造,则是通过对传统制造环节的智能化改造,来提升内部反应效率。

(3)3级台阶:数字化2.0,2016~2017年。

- 背景

线上平台高速发展冲击线下体系,外部市场从增量竞争转为存量竞争,个性化消费模式不断涌现,多品种、小批量替代少品种、大批量。

一句话:竞争白热化、需求多样化、终端多元化、反应快速化。

- 主要矛盾

重资产、高库存的传统产销模式落后,内部速度跟不上外部变化。

- 核心动作

全面推行T+3模式,实施数据驱动的C2M客户定制,实现用户导向、以销定产、市场倒逼、全面提速。值得一提的是，T+3模式对于美的数字化转型至关重要，这也是为什么要把T+3模式定义为美的数字化2.0的标志，第九章第一节会对T+3模式进行详细说明。

（4）4级台阶：**工业互联网，2018～2019年。**

- **背景**

T+3模式的实施，在价值链提效上带给美的质的变化。为了进一步拉通业务价值链，提升全价值链运营水平，还需要大量实时的过程数据的支撑，并实现软件系统的全面支持和保障。

- **主要矛盾**

美的有多年制造业的经验和知识积累，有智能制造的硬件投入，但是工业制造的软件系统是软肋。同时，制造业环节多、场景复杂，没有现成标杆可以参考学习，当前软件商积累的是20年前的制造业管理经验，无法适应新的模式，美的只能依靠自主研发。

- **核心动作**

美的依托T+3模式，自主探索开发全链路、全职能的工业软件（见图3-14）。

2018年10月，美的发布了M.IoT美的工业互联网1.0，形成了"制造业知识、软件、硬件"三位一体的制造业数字化转型解决方案。至此，美的在T+3模式数字化的基础上进一步升级，实现了以IoT来驱动业务价值链的拉通。

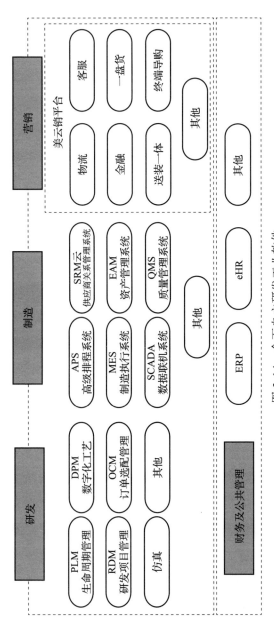

图 3-14 全面自主研发工业软件

（5）5级台阶：数智驱动，2020年至今。

- 背景

在完成M.IoT美的工业互联网1.0建设的基础上，美的数字化不论在框架、模型、流程，还是数据、软件各方面都已较为完备，如何让数字化在内部实现卓越运营，在外部直达用户，不仅打通价值链，而且贯穿整个经营管理的毛细血管，成为接下来要完成的目标。

- 主要矛盾

数字化已经给美的带来多方面的可喜变化，但对于当时营收规模已近3000亿元的整个集团来说，延伸性仍不足，产品未完全触达用户；渗透度还不够，集团还未深入到每一个链条环节；覆盖面不够广，例如内部各单位、外部各门店的数字化水平参差不齐。

延伸性不足、渗透度不够、覆盖面不广，成为当时的主要矛盾。

- 核心动作

2020年以来，"全面数字化、全面智能化"成为美的新的战略导向，之前的战略主轴之一"效率驱动"升级为"数智驱动"，进一步明确了"数字化、智能化"在企业中的核心作用。

如果说每一个行业都可以用互联网重做一遍的话，那么美的就是正在用数字化把企业内部的每一个环节重做一遍。利用5G+工业互联网，链接用户与企业，覆盖供应链、制造、物流、交付、服务、产品、购买、计划等不同业务场景，通过管理实践、数据资产以及云端服务，以算法、数据及算力等形式，拉通销售端、营销端、产品端、制造端、供应端，从而实现全价值链数字化运营（见图3-15）。

目前，美的已实现100%业务运行数字化、70%决策行为数字化。举个例子，原来美的最多只能管理几千个一级分销商，现在通过数字化转型可以直接与十几万个门店沟通。下一步，美的还要将决策行为的数字化比例提高到90%以上。

3. 数字化转型的5个关键

美的数字化转型从2012年到2022年刚好走过10个年头，美的前前后后投了170亿元左右。除了要大笔砸钱，还要看到数字化转型背后的关键。

正如人类社会的进步一样，虽然推动力主要来自技术的进步，但人性本身并没有变化。所以我们也要清晰地看到，数字化虽然彻底改变了企业的运营模式，但并没有改变人性，转变的关键依然是人。

人不转、人不变、人不改，再先进的技术手段也无济于事。当然，一号位是风向标，也是第一个要转变的人。从美的数字化转型的实践来看，有5个关键要把握：战略清晰、组织变革、文化再造、流程优化、业务主导，这5个关键都涉及人的问题（见图3-16）。

利用5G+工业互联网，持续深化全价值链数字化运营

智能零售
以用户为中心，消费体验升级

平台化模块化
缩短研发周期，降低研发成本

智能排程
智能排程实时、便捷、准确

供应链协同
供方协同，助力智能制造升级

品质在线
设备智联，智能判检

5G+工业互联网
钣金SCADA联机
电子、注塑、钣金SCADA联机

智慧物流
时刻管理，最优路径

智慧客服
智能服务，智能应答

图 3-15 全价值链数字化运营

转型推动力是技术，但转型的关键不是技术，而是人。

1.战略清晰	2.组织变革	3.文化再造	4.流程优化	5.业务主导
• 战略转型 • 战略放弃，战略聚焦 • 战略升级	• 业务组织变革、项目组织变革、管理组织变革 • 激励考核转变、转型大于业绩	• 全面转换思维 • 文化重塑、文化倡导、文化跟进、文化影响	• 流程先于数据，数据领先于系统 • 流程承接战略，流程体现场景	• 业务才是真正的主导者，IT是共舞者 • 业务是项目管理者，验收的责任 • 变革推动者、培训督导者

图 3-16 美的数字化转型的 5 个关键

（1）**战略清晰**。

美的在数字化转型的 10 年历程中，始终保持了清晰的战略。即使有时候不能对未来趋势做到洞若观火，但也一定要明确前行的方向。这 10 年里，美的有战略转型，有战略升级，有战略放弃，有战略聚焦。

战略转型，从追求规模转向追求利润、追求高质量增长，从传统家电制造业转向数字化、智能化，从 To C 转向扩大 To B。

战略升级，"跟随战略"升级为"领先战略"；三大战略主轴"产品领先、效率驱动、全球经营"，升级为四大战略主轴"科技领先、数智驱动、用户直达、全球突破"；"智慧家居、智能制造"的双智战略，升级为"全面数字化、全面智能化"的两个全面战略。

战略放弃，放弃以产定销的产销模式，放弃要素成本驱动的增长模式。

战略聚焦，聚焦产品提升，实施精品化、套系化、高端化、智能化；聚焦科技，建立"三个一代"研发模式，重点关注基础技术和前沿技术的研究。

（2）**组织变革**。

组织变革在前文中已多次提及。没有组织变革，再好的战略都是空中楼阁，缺乏实际支撑。数字化转型过程中，美的有大到集团、事业部的管理组织变革，有重构的业务组织变革，也有推动项目落地的项目组织变革。伴随着组织变革，不同组织的激励考核方式也进行了变革。

这里要特别说明的一点是，美的一直是彻底的绩效导向，但在面对变革的时候则是变革大于业绩。换句话说，业绩不达标，会影响奖金，还可以考察；阻碍变革的，会影响位置，不用再考察。

（3）**文化再造**。

我们说转型的关键是人，而企业内绝大多数人发生转变就是企业文化的再造，这也是数字化转型中最困难的地方。

如果说战略和组织是关键的顶层，那么文化就是关键的底层。所以，方洪波在美的几次重大转型过程中都特别强调文化的改造，就是要给美的文化注入新的基因，包括互联网、数字化、智能化、科技化等新时代新战略的基因。

美的不断进行文化再造，实际上就是推动企业全面转换思维，从而转变行为。在这个过程中，有文化重塑、文化倡导、文化跟进、文化影响，体现在组织中、激励中、考核中、用人中、活动中、宣传中、培训中、讨论中、做事中……文化再造无声无息，却又无处不在。

（4）**流程优化**。

流程先于数据，数据先于系统。数字化，一定不能简单理解成 IT 系统，虽然最后在实际应用中表现为 IT 系统。流程化、信息化、数字化、智能化，这个逐级递进的顺序难以跳过。

如果一谈到数字化，就盲目追求 PLM、MES、CRM 等

IT 系统，注定是要失败的，这在早些年很多企业应用 ERP 的实践中就已经无数次证明了。IT 系统的失败不是 IT 技术的问题，大多数是企业流程混乱或流程缺失的问题。

美的数字化转型中所经历的路径，也是先梳理和优化流程，再清理和优化数据，然后才是 IT 系统的落地。只有好的流程，才能承接战略并体现业务场景。流程优化由于其重要性，应该是数字化转型过程中耗时、耗精力最多的。

（5）业务主导。

数字化真正的主导者是业务，不是 IT。

数字化转型过程中，需要 IT 的深度参与，可以说 IT 是共舞者，但绝不可能是主舞，更不可能是独舞。业务必须唱主角，虽然过程中业务部门往往不太愿意，会以业务繁忙为由推脱或敷衍需求明确、流程讨论等必要环节，但这个转型是必须要完成的，因为没有业务主导的数字化必败无疑。IT 唱独角戏的数字化可以暂缓甚至叫停，一场必败的战役，实在是没必要浪费时间和金钱。

要想让业务主导，有两种途径：一是让业务部门自身的需求变得非常强烈，让它觉得再不使用数字化手段，业务开展就十分艰难，这往往是在业务骤增、模式和场景变得倍数级甚至指数级复杂的时候会出现的情况；二是设置专业的项目管理和强力的项目考核，让业务部门除了站出来主导数字化转型，没有退路可选。

美的采用的以第二种方式居多，毕竟组织和人都是存在惰性的，第一种方式还是要外力参与，然后再刺激需求产生自驱力。

> **内容小结**
>
> 　　美的数字化转型实际是先转型再做数字化，而数字化转型中所爬过的 5 级台阶，都是围绕解决当期的主要矛盾，并不是盲目追求数字化本身。
>
> 　　转型的关键是人，数字化转型也不例外。美的数字化转型把握住了 5 个关键点：战略清晰、组织变革、文化再造、流程优化、业务主导，美的由此走上了数字化的道路。

管控篇

第四章 CHAPTER 4

机制之根

第一节 管理机制：何享健造了一座结果导向的钟

2021年11月5日，张瑞敏辞任海尔董事局主席正式进行交班；2022年3月12日，周厚健宣布辞去海信集团董事长职务正式退休。这不由得让人想起2012年8月25日，何享健辞任美的董事局主席，完成与方洪波交接班的情形。

当年，何享健在卸任之时非常笃定地说："自己决不会走回头路，以后不参会、不复出、不担任任何名誉职务，仅保留'美的创始人'这个唯一的头衔。"

我无意比较何享健、张瑞敏、周厚健交接班的异同，因为每个企业家、每家企业都有各自的特点，对于伴随着改革开放成长起来的中国第一代企业家来说，确实很多都到了退休交班的年纪。

我们来看看何享健退隐后，美的 2012～2022 年这 10 年来的业绩变化：营收从 1027 亿元到 3457 亿元，增长 2.4 倍；净利润从 61 亿元到 296 亿元，增长 3.9 倍；市值从 2012 年 8 月 31 日的 380 亿元到 2022 年 8 月 31 日的 3749 亿元，增长 8.9 倍。从亮眼的增长业绩来说，何享健的交班是顺利的，也是成功的。

美的不仅没有因为何享健的退居二线出现业绩下滑，而且实现了新的增长。何享健的做法，对于面临退休的中国第一代企业家来说，是具有积极参考意义的。但外界往往过多地关注接班人选的问题，而忽略了接班人背后的机制建设问题。

何享健早在十几年前，面对不断有人询问他接班人的问题时，曾多次说过："我觉得要讨论的，不是谁接我的班的问题，而是制度建设、治理结构建设的问题。怎样让企业在没有大股东参与管理的情况下，一样做得很好？我以前一直都在想这个问题，我现在已经走出来了，是很辛苦地走出来的。所以，你们应该关心的是，我这个目标是怎么实现的，而不是谁接班。"

从他本人的言语中，我们看到何享健不是单纯地从选拔和培养接班人的角度出发，而是更多地站在如何建立长效机制的高度看待问题和解决问题。

何享健说,他卸任后给自己的头衔只有一个:美的创始人。实际上,他还有一个隐性的毫无争议的头衔:美的机制的造钟人。因为,何享健为美的创建的机制到今天依然焕发着勃勃生机,也依然推动着美的在不断地前进和发展。

1. 报时者与造钟人

吉姆·柯林斯在《基业长青》一书中把领导者分为两类:一类是"报时者",另一类是"造钟人"。

"报时者",指的是组织内其他人都不知道时间,只有领导者自己知道。其他人要想知道时间,就需要等着领导者告诉。所以在这个组织里,会看到领导者在四处发号施令:现在几点了,应该做什么;下一个时间点,又该做什么。

"造钟人",指的是领导者在组织内造了一座钟,放在那里。组织里所有人只要看到时钟,就知道现在的时间,就知道他们应该去做什么,而不需要领导者指手画脚,大家在一种机制或氛围之下自主工作,从而形成一种内在的驱动力。

我们已经听了太多企业家勤勤恳恳的案例,如王健林凌晨4点开始的密集日程表、宗庆后难言退休的亲力亲为、陶华碧年逾七旬仍奋战一线……我们对这些勤奋的企业家报以无比的尊敬,有时又不得不感慨,中国不缺少勤奋的企业家,但极度缺少"造钟"式的企业家。

在吉姆·柯林斯看来,领导者在完成了创业初期"报时者"的角色之后，要有意识地向"造钟人"的角色转换，不断进行机制的建设，让自己处于一种相对隐形的状态，在无形中让机制的力量推动整个组织的发展。"伟大的企业家，是专心致志地构建一种大而持久的制度，并不刻意成为伟大领袖。他们追求的是制造时钟，而不是成为报时者。"

沃尔玛的创始人山姆·沃尔顿就是一个杰出的造钟人。沃尔顿把一生大部分的时间都无休止地花在努力建立和发展沃尔玛的组织机制上，而不是努力发展自己的领袖性格。

在这一点上，何享健与沃尔顿非常相似。外界很少亲耳听过何享健慷慨激昂的演讲，也未流传过他妙笔生花的文章。更有意思的是，就连大部分美的员工都很少能感受到他的存在。

在美的经常出现的一种情况是，何享健与事业部总经理谈完事情离开之后，周围的一些员工才反应过来，"哦，何享健来过了"。既无刻意的隐瞒，也无过度的欢迎，如风吹过，如水流过，自然而然。

曾经有一名在美的工作过8年的外籍员工，他离开美的时最大的愿望，就是希望能见到何享健一面。8年时间都没见过，不是因为级别相差过大，而是因为无须时时听老板发号施令也知道怎么做事。

内外部大多数人之所以不太能感受到何享健的存在，是因为何享健用了二十多年的时间，不是在发展自己的领袖性格，也不是让自己看起来更加光芒万丈，就连普通话也进步不大。他将更多的精力放在了美的机制的建设上，而且是将机制建设放在了不容置疑的首要位置。

他曾多次强调："美的能成功，最主要的原因是解决了机制的问题。""宁可容忍一个亿的投资失误，也绝不容忍机制的弱化和衰退。""机制是企业管理中的第一重要因素，是工作中的重点和主要问题。""关系到美的今后经营成败的最大问题是什么？是机制能否保持活力，管理能否保持先进。"……如此种种，可以写满几大张纸。

2011年年底，美的集团召开年度总结大会之前，何享健特意安排了一个从未有过的议程，他亲自带领高管团队参观美的历史馆，这也是他交接班之前的一次刻意安排。在那次参观过程中，他回顾了自己带领美的发展的历程，也再次谈到了交接班和美的机制的话题：

"今天我能退出来，我憧憬了十多年。今天实现了这个目的，我非常高兴，我不会觉得失落，绝对不会。这是十多年来自己的愿望，真正实现由职业经理人治理企业。当然这个事情不是心血来潮的，而是深谋远虑的，我是很有长远的战略眼光的，为了这个目的，10年、20年前我就在做这个事情，所以可以表扬一下我的开放、包容与度量。到今天，用我自己的一套办法完成了交接班，我认为达到了目的。我可以讲，这次我退出来，相当于股改。开弓没有回头箭，我不会走回头路的。我退出后美的也不会出现问题。美的一定要坚持这个模式，照这个机制走下去。"

从何享健放心交班的话语中，我们能感受到，他不仅为美的打造了机制的时钟，更推动了这个机制时钟的良好自运行。

2. 美的机制的核心：结果导向

美的能够发展到今天，很大程度上是靠机制，这一点在内外部都得到了认可。但是，美的的机制究竟是什么？

这就众说纷纭了，有人说是事业部制，有人说是职业经理人管理，有人说是分权体系，还有人说是变革文化……即使是在美的长期工作的人，互相之间也会有不同的意见，因为每个答案都各有道理。

我因此问过很多老美的人，如果在众多选项里只能选一个的话，你会选哪个？我得到的最多答案是：结果导向。反复比较和思考后，我最终也将这一票投给了结果导向。

正是紧紧围绕着结果导向，美的才会不断地进行组织的变革调整、人员的优胜劣汰、严格的预算考核、大胆的论功行赏、不断的收购兼并、持续的科技投入等一系列动作。

那么，什么又是结果导向？借用《冯唐成事心法》中的说法，结果导向就是成事、持续成事、持续成大事。结果面前，没有借口；结果面前，人人平等。

一家年营收超过300亿元的上市公司的高管，曾给我讲过他们公司的历史，在过去二十多年里公司快速发展，很多元老不仅收入可观，而且由于和老板多年打拼，与老板的关系也非比寻常。但是在最近几年公司规模发展到几千人以后，老板发现这种倚老卖老的作风使得任务难下、奖金难发，自己越来越难以平衡。老板最后痛下决心，所有人按当年完成的业绩进行排名、奖励和淘汰，只看业绩不论人情。大家才从对老板的依附转移到对业绩结果的关注上。

我问他，老板是怎么下定决心采用这种做法的。他说，这是老板向何享健学习的结果。他们深入了解后知道，何享健在美的内部完完全全贯彻了结果导向，将团队每一个人的收入、待遇、荣誉、地位等，都和他们自己取得的经营结果挂钩，这样大家自然会围着结果转，而不会围着老板转。我听后非常佩服地说："你们是学到了精髓。"

美的这么多年下来，的的确确、确确实实、实实在在的是彻彻底底的结果导向，原谅我用这么多词语来形容，因为除了收入待遇直接和结果挂钩不说，就连集团开大会各单位总经理发言的顺序、座位的安排等细节，每年都会随着各自经营结果的变化而调整。没有谁不服气，因为客观的经营结果摆在那里。还不服气？那把经营业绩做上去再说。

我认识的很多老美的人离职后进入其他企业时，首先想到的第一件事，就是无论如何要做成点事，拿出点业绩来证明自己的能力和价值，而且常常简单地认为，只要做出成绩就一定会得到认可，不会过多地考虑企业内的人情世故，这就是美的结果导向所形成的思维逻辑。对于同样追求结果导向、人际关系简单的企业，美的人会如鱼得水；对于那些结果导向淡薄、人事关系复杂的企业，美的人就难以适应。

这种以结果导向为核心的机制不仅推动着美的的快速发展，也成为美的人深入骨髓的基因。

3. 结果导向的三个表现：用人、做事、分钱

如果我们去问领导者，你们企业是结果导向吗？

相信很多人都会回答，是的。但是，我们不能轻信，要看一家企业是不是真正的结果导向，只需要看三个方面：用人、做事、分钱。用什么人？如何做事？怎么分钱？

（1）**用人**。

最主要看管理干部。

看大多数干部是通过什么方式晋升上来的。是因为资历老？人缘好？以前业绩好，现在变差了，又不好直接换掉？还是其他什么原因。

美的的管理干部之所以变动频繁，如果不是组织调整和个人原因造成的，那就是自身业绩导致的。如果要想获得晋升，抛开价值观作为底线不说，业绩结果就是最重要的标准。如果要不断晋升，那就要不断拿出过硬的业绩来。

方洪波被称为"坐火箭升上来的总经理"，就是因为他所带领的空调事业部、后来带领的制冷集团，不断创造新的业绩，给集团做出了最大贡献。

（2）**做事**。

主要看行动的目的性。

做事时采取不同的行动是冲着结果去的，还是因为领导要求这么做的？是谁职位高就按谁的来呢，还是谁说得对就按谁的来？特别是干部带团队做事的时候，是为了维护自己的面子，一条道走到黑呢？还是在客观的事实面前，发现不对立刻调整呢？

我记得大概十七八年前，何享健有一次召开 IT 规划汇报会，只听了十来分钟就生气地叫停了，说讲来讲去就是改善什么、提高什么、增强什么这些虚头巴脑的东西，这样的汇报有什么结果呢？到底谁清楚信息技术方面的内容，谁就站出来讲，不要怕。

当年还是电子商务刚刚传到国内的时候，参会的有一个基层主管，因为他个人对信息技术很感兴趣，也做了些研究，就大胆站起来讲了自己的理解，其中谈到了美国的 IT 发展、印度如何紧跟，以及中国当前电子商务环境下，美的可以在哪方面做些动作。

何享健饶有兴致地听他讲完，中间还问了几个问题，然后让他坐下，回头和在场的干部说："我们就应该讨论这种实际的问题，而且我觉得他说得很好，至少我原来就不知道这些情况，谁更了解实际情况，我们就听谁的。"

正是在何享健的带领下，美的才形成了不唯上、不唯书、只唯实的作风。

（3）**分钱**。

主要看收入结构。

看收入结构里，多少比例是和业绩结果挂钩。在美的，不仅所有人的收入都和业绩结果挂钩，而且级别越高，与业绩结果挂钩的比例就越高。以管理干部为例，绩效奖金所占比例要在 50% 以上，级别更高的甚至达到 70%～80%，如果再加上股票期权，更是超过 80%。

美的从 1997 年就开始推进年度经营责任制，每年各单位总经理和集团所签的经营责任制，就明确规定了经营目标、KPI 计算方法、奖金与经营结果的对应比例、奖金发放方式等条款。可以说，绩效奖金与经营业绩 100% 挂钩，来年是盆满钵满，还是颗粒无收，完全取决于当年的经营业绩。

我在企业咨询过程中，发现不少企业的干部，甚至一些销售人员的固定收入部分占到了 70%～80%，与经营业绩挂钩的收入比例最高也不超过 30%，这样旱涝保收的做法实际上就与结果导向大相径庭。

4. 结果导向的五个打造

建立以结果导向为核心的机制，何享健做到了，相信也是很多企业家想要做到的。但罗马不是一天建成的，机制也不是一天奏效的。

美的结果导向机制能够发挥作用，还源于在五个方面持续不断地打造：战略定力、管理模式、文化底色、考核激励、运营管控。

（1）战略定力。

美的战略定力的打造，可以概括为守得住、扎得深、拿得起、放得下。

- 守得住

多年以来，面对外部市场各种利益诱惑，有些看上去似乎唾手可得，例如前文提过的黑色家电、手机等领域，但美的坚决不进入。何享健说过："我们成功把握较大的依然是白色家电行业。美的要健康、稳定发展，宁愿走慢两步，也不能走错一步。中国的市场很大，做好了家电产业，已经有很大的发展空间，没必要分散资源。"

- 扎得深

何享健带领美的持续深耕白色家电领域。1998年美的收购东芝万家乐，进入空调压缩机领域，形成空调产业链；2001年收购三洋磁控管，之后又成立变压器公司，形成微波炉产业链。从终端产品向核心配件，美的不断进行垂直一体化延伸，打造白色家电核心竞争力。

- 拿得起

在白色家电领域涉足的产品，何享健秉持"不做则已，要做就做前三"的战略思想，不断进行相关多元化扩张。大家电方面，家用空调、中央空调市占率已经位列第一，冰箱、洗衣机通过收购，市场地位快速提升，市占率达到行业第二；小家电方面，电饭煲、电风扇、电磁炉、电暖器等市占率长期占据行业第一。

- **放得下**

对于做不到行业前三的品类，或者超出能力边界所犯的一些错误，美的当断则断，毅然放弃，例如关闭商路易公司，退出云南客车、三湘客车等。何享健毫不避讳地说过："我监督自己，不断地否定自己，听反对意见，去改变自己。"

犯错不可怕，怕的是在错误的道路上执迷不悟，始终放不下。

（2）**管理模式**。

何享健最值得称道的做法，可以说是事业部制的职业经理人管理模式。

美的能走上这条路，并不是病急乱投医的误打误撞，而是何享健经过深思熟虑，才决定迈出这一步。早在20世纪80年代，何享健就一直遵循一个方向，就是不搞家族企业，坚持用职业经理人管理企业。

我们在前面讲过美的在1997年的事业部制改革，何享健当时就意识到不可能靠自己一个人来完成企业的发展，他说"自己没有三头六臂，但可以在美的复制100个何享健"。最终采取事业部制，既解决当时多品类发展的矛盾，又有利于培养职业经理人，可以说是一举两得，而且奠定了美的发展至今的组织管理模式。

事业部制的职业经理人管理模式形成之后，何享健始终把握着集分权的平衡，既激发活力，又控制风险；既不断扩张，又发掘人才。

（3）文化底色。

美的的文化底色主要体现在两个方面：低调务实、不断变革。

- **低调务实**

首先，何享健本人低调务实的性格深深影响了美的所有管理团队。

其次，每年面对经营压力，没有人敢保证一定能完成，除了埋头苦干别无他法，只有把结果干出来才是硬道理，口若悬河不能带来结果的改变，我们在第二章第一节人狠话不多的搞定文化中有过详细的描述。

- **不断变革**

不断变革，就是结果导向下自我否定、自我纠偏的做法。美的变革频率之高、速度之快，外界常常表示不解，但内部早已习以为常。美的搞变革，绝不瞻前顾后，也不会无谓等待，因为何享健不相信"以不变应万变"，只相信"唯一不变的就是变"。

（4）考核激励。

美的一直以来坚持严考核、重激励。

美的能建立有效的内部契约制，与多年不打折扣的考核激励息息相关。绩效考核是真刀真枪，激励分配是真金白银。前面所提到的"年度经营责任制"就是一份针对经营结果的内部契约，是白纸黑字、签字画押的考核激励协议。

有一年，一个事业部由于年初目标定得较低而当年外部市场爆发，导致事业部的绩效奖金总额翻了几倍，上报到集团的时候，集团人力资源部认为不合理，不应该发那么多。何享健虽然批评了人力资源部奖金设置不够规范，但仍然坚持照发。

不合理还照发，只是损失了一年。不兑现，损失的是未来，是对所有人的信用。只有不合理，没有不兑现，只有严格守信的考核激励，才有毫无顾虑的挑战目标。

（5）**运营管控**。

美的的运营管控主要体现在三个方面：人力资源管理、财务管理、营运管理，这部分内容在开篇"大运营"的"管控清单"中已经有过说明，此处不再赘述。

> **内容小结**
>
> 何享健没有其他明星企业家众多的头衔，知道美的的人肯定要远远多过知道何享健的人。然而，何享健却是中国少有的"造钟"式的企业家。
>
> 他花费数十年时间，在美的建立起以结果导向为核心的管理机制，这种机制在用人、做事、分钱三方面都得到了充分的体现，而正是由于在战略定力、管理模式、文化底色、考核激励、运营管控五个方面持续不断地打造，美的机制才真正发挥了作用，我们将其概括为美的机制"135"，即"1个核心、3个表现、5个打造"（见图4-1）。

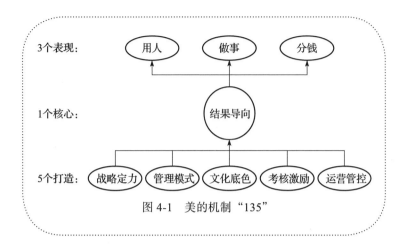

图 4-1 美的机制"135"

第二节 治理机制：要命的顶层设计

治理与管理是不同层面的事，二者的影响力也是截然不同的。治理在管理之上，是顶层的事，是最要命的事。

正因为如此，半个多世纪以来，美的在治理机制的优化上投入了巨大的精力和财力，也取得了不凡的成果，甚至可以说形成了翻天覆地的变化。

1. 9次蜕变，美的治理机制的演变路径

如图 4-2 所示，美的从 50 多年前一家不起眼的乡镇企业发展到今天，先后历经 9 次蜕变，走过了 10 个阶段。

9 次蜕变为：股份制改造、事业部制改革、MBO、股权分置改革、核心高管持股、引入外部投资、"何方"交班、换股吸收合并、多层级股权激励。

第四章 机制之根 | 163

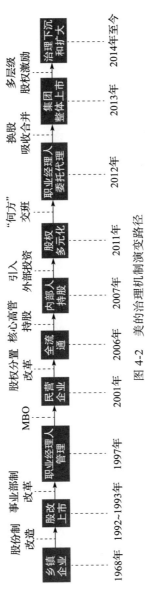

图 4-2 美的治理机制演变路径

资料来源：根据公开资料整理。

10 个阶段为：从最早期生产组性质衍生而来的乡镇企业，到成为上市公司、推行职业经理人管理、民营企业转身、股份全流通、内部人持股、股权多元化、完全实现职业经理人委托代理、集团整体上市，以及将先进的治理机制下沉和扩大，最后一个阶段至今仍在进行中。

我们来详细看一下这 9 次蜕变的过程。

（1）1992 ～ 1993 年，股份制改造上市。

1992 年的春天，是属于全中国的春天，也是美的的春天。

那一年，顺德政府率先进行企业产权制度改革，美的最终成为广东 8 家试点企业之一，也是顺德唯一的股份制改造企业，同时成为全国第一家完成股份制改造的乡镇企业。

1992 年进行股改，1993 年实现上市，对美的来说是开天辟地的大事，然而何享健并没有用这些高级的字眼来形容自己，他说："我有一个思路：办好企业，首先要引进好的机制！当时，我对股份制已经有了一定的认识，股份制改造能使企业更加规范化、更加现代化，对企业有重要的提升作用。基于这样一个理念，我开始在公司内部积极推动股份制的改造。"

"股份制改造对我本人也有较大的影响。企业不再是个人的企业，不能再是个人要做什么就做什么，而要按照股份公司的规范来运作，企业最重要的权力集中于董事局，做重大决策时要充分发挥董事会的作用。"

何享健通过股改上市限制个人权力，规范企业治理运作，公司成立了股东大会、董事会、监事会并正式运行。

（2）1997年，事业部制改革。

第三章第一节组织变革中已经专门谈到过分权的事业部制改革，这里就不重复了，需要再次强调的是，1997年的事业部制改革不仅开创了美的崭新的组织管理模式，而且"去家族化"呈现新的方式，从少数岗位上的职业经理人个体，扩大为多数岗位上的职业经理人群体，美的正式走上了分权体制下的职业经理人管理道路。

（3）2001年，MBO。

MBO，即管理层收购。

美的1992年股份制改造之时，镇政府是第一大股东，持有"粤美的"44.26%的股份。这与那个时代的背景有关，当时所有企业"出生之时"都必须戴"红帽子"，都具有国有性质，否则根本无法存活。但这也埋下了产权不清的隐患，之后为了明晰产权实施MBO的企业前仆后继，但几乎全军覆没，何享健遭遇的困难和阻挠丝毫不比别人少，但很幸运地没有倒在实施MBO的路上。

必须要说明的是，如果没有当地政府的开明，就不可能有美的MBO的成功。2001年2月20日，粤美的发布公告，北滘镇政府转让30%的股份，美的管理层接手并成为第一大股东，美的成了完全意义上的民营企业。至此，美的成为中国上市公司中顺利完成MBO的第一家，何享健由此被业界称为"中国 MBO 教父"。

美的 MBO 的成功,虽然当时在内部表现得非常低调,但其影响却是异常深远的。因为这是从产权和治理结构上解决了所有者与经营者统一的问题,解决了企业身份的问题,解决了"谁当家做主"的问题。

毫不夸张地说,MBO 是美的继股改上市之后最为重大的事件,没有之一;是在公司治理上最为重要的里程碑,同样没有之一。

(4)2006 年,股权分置改革。

股权分置,是因为中国证券市场初建之期,国家担心上市的国有企业失去绝对控股权,所以规定上市企业股份只允许少部分(通常不到三分之一)流通,其余股份则不允许流通,就这样形成了流通股、非流通股的股权分置。这种权宜之计既与国际规则脱节,又导致股东利益冲突、企业控制权僵化等一系列后遗症,股权分置改革成为中国资本市场必须迈出的一步。

美的集团在这场股权分置改革的大潮中,面临的是完全不同的局面,因为股权分置改革是针对上市的国有企业,当时 A 股上市公司也是国有企业居多,其非流通股和流通股的平均比例是 63% 和 37%。但美的集团 MBO 之后已经不是国有企业,而且其控股的上市公司美的电器的非流通股和流通股的比例与市场上主流的情况刚好相反,分别是 39.87% 和 60.13%,非流通股不仅比例低,而且结构分散共有 17 户。

美的集团因此采取了不同的改革方案,当时市场上普遍是"10送3"派股方式,而美的电器却是"10送1及5元现金"方式,不惜给予大笔现金。因为如果按"10送3",美的集团控股比例将降至16%,极易出现后来万科所面临的"野蛮人敲门"的不利局面。

2006年上半年美的集团完成股权分置改革后,充分把握政策机会,不到2个月再动用10.8亿元增持总股本的23.58%,美的集团持股达到总股本的46.40%,实际控制人控制总股本50.17%,美的集团由相对控股变成了绝对控股。

按照当时的规定,"在公司股东大会通过股权分置改革方案后的2个月内,增持社会公众股份而触发要约收购义务的,可以免于履行要约收购义务",免要约大幅增持上市公司的机会,有史以来仅此一次。

美的集团在此次股权分置改革中虽然付出了大笔资金,但收获也是巨大的,可以说是一举三得:一是解决了全流通的难题,二是实现了绝对控股,三是免于要约收购。

(5)2007年,核心高管持股。

2007年,美的事业部制已经运行了10年,各事业部的年度责任制考核也实施了10年。何享健已经意识到,需要在年度考核的短期激励基础上,针对核心的职业经理人实施中长期激励,才能保证美的未来不仅能规模突破千亿,而且具备支撑千亿规模的体系和团队。

前一年股权分置改革的顺利完成以及与高盛的密切接

触,都为推行内部人持股创造了非常好的条件。2007～2009年,美的针对方洪波等7人在内的核心高管,总共给予了16%的股权,真正让内部的最高管理层享有了股份。

2007～2008年,美的还曾经尝试推行股票期权激励计划,当时激励范围是美的电器的19人,由于与公开增发相冲突,该计划最后不得不搁浅。

这一搁浅就是5年,美的真正大范围、常态化开展股权激励要等到整体上市之后,但能够迈出内部人持股这一步,在当时已经是非常超前了。

(6)2011年,引入外部投资。

2011年,美的转让15.3%的股权,主动引入融睿、鼎晖这两家在资本市场知名度颇高的投资方,这种安排有出于整体上市筹备的考虑,也有助于提升美的的治理水平。因为融睿、鼎晖不仅派驻董事进入董事会,并且多次在董事会会议中都毫不客气地提出了尖锐的意见,这在美的当年的战略转型中起到了监督和加速的有利作用。

从治理结构上来看,美的形成了创始人股东、内部管理层、外部投资方共同持股的多元化股权结构,这是美的在公司治理上的一种完善和进步,有利于形成更加市场化、制度化、科学化的治理机制。

(7)2012年,"何方"交班。

2012年,对美的来说是关键的一年,因为这一年是何享健与方洪波正式交班的一年,所以也是美的的转折年。

何享健从20世纪80年代就开始倡导并实践去家族化，并且从1997年事业部制改革以来持续推行职业经理人管理，之所以只能叫"管理"不能叫"治理"，是因为不论是实际控制人还是操盘人，都是何享健本人。不过职业经理人治理的思想和基础，确实已经从那时开始了。但只有何享健完全退居为大股东身份，不再参与任何日常经营活动，才算是真正完成了正式的交接，美的在治理机制上才正式进入了职业经理人委托代理的时代，也是方洪波的时代。

（8）2013年，换股吸收合并。

2013年9月18日，美的集团通过换股吸收合并美的电器，并将美的电器除大家电之外的小家电、机电及物流等资产注入上市公司，实现了整体上市。美的集团作为非上市公司吸收合并上市公司的首例，也开创了中国资本市场的先河。

从治理机制的角度来看，整体上市实现了美的家电产业纵向横向、前中后端，以及渠道的全方位协同。同时，管理层职业经理人化、股权价值市场化，实现了各方利益捆绑，有助于集团长期业绩的持续和稳定。

（9）2014年至今，多层级股权激励。

随着整体上市的完成，美的进行股权激励的条件也已经具备，实际上这也是必然的后续计划。

美的拥有多层次的股权激励方案，至今已实施9期股票期权激励计划、6期限制性股票激励计划、8期全球合伙人持股计划、5期事业合伙人计划。外部有文章说，这是因为之前持股的 7 个核心高管仅剩方洪波 1 人,所以方洪波需要通过股权激励重新团结一批核心高管,这样的理解还是有些偏颇狭隘。

在外部人看来,高管的离开会格外引人注意;在美的内部人看来,在组织架构发生重大调整的时候,相应高管的离开是再自然不过的事情。

方洪波是职业经理人,是大股东的一级委托代理人。方洪波要通过多层次的股权激励将治理进行下沉和扩大,在美的内部形成二级委托代理、三级委托代理,乃至多维度委托代理,从而将核心高管、管理骨干、中坚力量都绑定在同一架战车上,并让这架战车充满源源不断的力量。

如果说,建设全球性的科技集团是方洪波把握住的美的方向盘,那么,多层级的股权激励则是方洪波启动的新的人性发动机。

2. 三力平衡,美的治理机制的特点

美的治理机制在优化过程中,不断追求的是三力平衡,即控制力、约束力、动力,再具体一点就是大股东控制力、外部约束力、内部动力(见图 4-3)。

(1)**大股东控制力**。

如果只是对外做投资,那么是否是大股东、是否拥有控制权,就不是必需的。但如果是自己的企业,能否成为控股股东、大股东能否确保实际控制力,则是治理机制中第一个

要面对的问题。

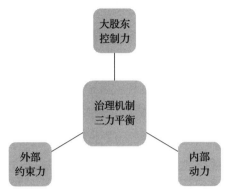

图 4-3　治理机制三力平衡

美的 MBO 要解决的就是身份归属问题,是谁是大股东的问题,是谁当家做主说了算的问题。

不过即使成了第一大股东,也并不意味着万事大吉,稍有不慎就会大权旁落,甚至被扫地出门。反面案例数不胜数:新浪、万科、俏江南、一号店、大娘水饺、太子奶、易到用车、去哪儿网、饿了么、桔子酒店、汽车之家、雷士照明,国外还有 Twitter、Uber,这些公司的创始人都是因为失去控制权而被赶出局,就连乔布斯都不例外。

美的一直没有出现这方面的问题,就是因为对于大股东的控制力在股权上做了非常好的保护。例如 2006 年,美的在股权分置改革中不惜给予大笔现金,采取"10 送 1 及 5 元现金"方式,而不是市场上普遍的"10 送 3"派股方式,就是担心美的集团控股比例降到 16% 以下。

对比来看，2015 年宝能系在持有万科 15.04% 股份的情况下，就成为万科第一大股东，4 个月后持股比例达到 24.26%。哪怕万科再启动百亿回购计划，也夺不回第一大股东地位。直到将深圳地铁、恒大都相继卷入战争之后，万科才艰难赶走了"野蛮人"。

美的在 2006 年股权被稀释的情况下，为提高大股东控制力，动用 10.8 亿元增持流通股，集团持股达到总股本的 46.40%，实际控制人控制总股本 50.17%，美的由相对控股变成了绝对控股。

再如前面提到的，2011 年美的引入融睿、鼎晖两家投资机构，一直到整体上市之前，美的实际上除了这两家之外，还有 6 家外部投资人，但美的控股持有美的集团 59.85% 股份，始终保持控股股东地位。从 2013 年完成整体上市到今天，美的控股仍持有 31.06% 股份，控股股东地位难以撼动。

（2）**外部约束力**。

拥有大股东控制力是为了更好地保护自己，但如何保证这种控制力不会变成"一言堂"，不会变成过多的"人治"，也是治理机制中必须要解决的问题。

美的治理机制的优化，不靠自律靠他律，不靠自觉靠法律。作为上市公司的一名"老兵"，伴随着中国证券市场的逐步完善，美的也在逼着自己戴上各种"锁链"，从而不断走向治理成熟。我举几个例子说明一下美的是如何加强外部约束力的。

- **"三会"治理机制**

股东大会、董事会、监事会,是管理之上治理机制中最顶层的决策机构。

美的必须按照上市公司要求,不断完善并遵从"三会"议事规则,重大事项不得绕过股东大会,不得先实施后审议,而必须严格执行审议决策程序,细到每一次股东大会的会议记录要完整并安全保存等,诸如此类不一而足。

- **内外均衡的董事会成员构成**

美的董事会成员构成虽然不会一成不变,但基本保持内外均衡。

整体上市之前,美的遵循"三三制"的结构,即董事来自公司、控股股东和外部的比例各占三分之一。整体上市之后,美的经常保持外部董事占比过半。以独立董事为例,美的长期保持三名左右,从以前的项兵、谭劲松、张平,到如今的薛云奎、管清友、韩践,都是大名鼎鼎、敢于发声的教授或学者。

- **董事局专业委员会设置**

美的董事局设立四个专业委员会,即战略委员会、审计委员会、提名委员会、薪酬与考核委员会。除战略委员会外,其余三个委员会成员全部由外部董事构成。四个专业委员会为董事会提供咨询、建议,保证董事会议事、决策的专业化与高效化。

- **主动引入外部投资方**

2006年拟引入高盛,2011年引入融睿、鼎晖等投资机构，美的这些动作都是主动引入外部投资方，在实现融资等目的之外，同时也强化了外部约束力，因为这些外部投资方既代表小股东监督控股股东，也监督职业经理人的经营行为。

（3）**内部动力**。

有不少企业进入了好赛道；有不少企业要技术有技术，要资源有资源；还有不少企业对行业有深刻的洞察，也有多年的积累。这些企业里面又有多少是由于缺乏良好的激励机制，导致人才出走、活力尽失？这个数量应该不会少。

美的因为多年职业经理人机制的打造，培养了大批优秀经营管理人才，因此备受各大猎头青睐，甚至被很多行业的头部企业点名挖角。如何留住优秀人才，吸引更多外部高端人才，持续激发内部动力，也一直是美的在解决的问题。

以股权激励为主的中长期激励机制成为激发内部动力的不二选择，所以在完成整体上市仅仅4个月之后，美的就推出了股票期权激励计划，并使其成为每年常态化的动作，股权激励至2022年8月30日已累计达到28期，此外，美的还推出了4个下属子公司的多元化员工持股计划。这些股权激励可以分为以下5个层级。

第1级：针对公司总裁、副总裁、下属单位总裁和总经理，实施了8期全球合伙人持股计划。

第2级：针对除全球合伙人以外的副总裁、下属单位总经理和其他高管，实施了5期事业合伙人持股计划。

第3级：针对经营单位和部门高层管理人员，实施了6期限制性股票激励计划。

第4级：针对研发、制造、品质等科技人员，以及其他业务骨干实施了9期股票期权激励计划。

第5级：针对集团下属创新主体，如美智光电、美云智数、安得智联、美智纵横，各制定了1期多元化员工持股计划。

多层级的股权激励很好地解决了中长期的内部动力问题。

根据以上对大股东控制力、外部约束力、内部动力这三力的分析，可以清晰地看到，美的治理机制不断优化、取得均衡的特点：既保护大股东权益，又强化外部的约束；既防止内部人控制，又激发内部人活力。

> **内容小结**
>
> 治理机制是美的机制建设中顶层的设计，如果美的没有治理机制的优化，就谈不上管理机制的先进。
>
> 美的治理机制的演变经过了9次大的蜕变，过程中不断追求大股东控制力、外部约束力、内部动力的三力平衡。

第五章 —— CHAPTER 5

将帅之路

第一节　如何打造职业化团队

很多企业家朋友都非常喜欢谈论高管团队打造的话题，每次说到这里都会问我："美的高管团队走的是职业化道路，这么多年下来，团队历经多次变革更替，但始终能打能拼又出业绩，美的到底是怎么打造职业经理人团队的？"

对于这个问题，需要分成两个问题来回答：一是在美的哪些人是职业经理人；二是职业经理人在美的是如何产生的。这样才能更好地理解美的职业化团队的打造，我们逐个来看。

1. 在美的哪些人是职业经理人

"职业经理人"在人力资源管理中并不属于某一职级或职位,早期在美的也是一种比较宽泛的说法,并没有明确的范围界定。直到 2006 年,美的集团开展"打造职业经理人队伍"的项目,在华夏基石的协助下正式将职业经理人分为三类:内部企业家、职业经营者、专业管理者。

内部企业家,指由股东委托以集团长期持续的价值增值为目标,并拥有相应决策权的职业经理人,主要包括集团和二级平台第一负责人,当时美的在集团之下还有二级平台,现在可以理解为业务板块。

内部企业家指的主要就是方洪波,同时包括各业务板块的负责人。

职业经营者,指对一级经营单位的经营业绩负直接责任,并拥有相应经营权的职业经理人,主要包括各事业部、集团直属经营单位的总经理。

简单说就是各经营单位总经理,这是美的事业部制下最直接创造业绩的总经理群体。

专业管理者,指负责某一职能专业管理,向集团总裁和一级经营单位总经理直接汇报的职业经理人。主要包括集团各职能部门负责人、一级经营单位除总经理外的管委会成员。

这一范围的职业经理人实际就是总裁和各总经理的经营

班子，虽然也有自己的 KPI，但主要任务还是围绕着总裁和各总经理的经营任务开展工作。

这三类职业经理人构成了美的职业经理人队伍。

内部企业家，是领路人，是总指挥。

职业经营者，是操盘手，是司令员。

专业管理者，是执行人，是推动者。

2. 职业经理人在美的是如何产生的

要弄清楚职业经理人在美的是如何产生的，就要明白美的职业化的缘起和运行模式，图 5-1 所示的美的职业化运行体系，就是我们要说明的重点。

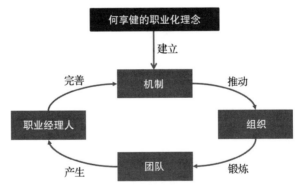

图 5-1　美的职业化运行体系

总体来说，美的在何享健的职业化理念下建立了机制，机制推动了组织，组织锻炼了团队，团队中产生了职业经理人，最后职业经理人又完善了机制。生生不息，循环往复。

从理念的产生到如今的不断完善，经过了近四十年的打磨，最终形成了美的职业化的运行体系，我们来详细看一下每一个步骤。

（1）何享健的职业化理念。

何享健的职业化理念是美的职业化飞轮运转的第一推动力。

很多人以为，何享健带领美的走上职业经理人道路是从1997年搞事业部制改革开始的。实际上，何享健职业化理念的产生还要再早上十几年，何享健自己曾说过："我从20世纪80年代开始，就一直遵循一个方向，就是不搞家族企业，坚持用职业经理人管理企业。"

能够这么早就放弃家族式观点，而采用职业经理人来管理，这是何享健从改革开放中汲取的理念。"解放思想，实事求是"是当时的思想方针和社会大潮，何享健专门针对"解放思想"谈过自己因此发生的改变："'解放思想'直接解放了我的用人观念。要不是'解放思想'，美的可能会跟很多珠三角的同行一样，搞家族式企业，始终难以做大做强……现有的高管团队中，没有一个是我的亲戚。坚决不搞家族企业，也是我在'解放思想'上的认识。"

"解放思想"让何享健大胆引入各类外部人才：

- 1984年，何享健聘请广州某空调国有企业技术副总何应强，何应强用周末时间指导美的空调窗机技术，被称为"星期六工程师"。后来何应强直接入职担任美的空调技术总工，兼空调设备厂副厂长。
- 1992年，美的引进博士马军，成为全国第一个聘请博士的乡镇企业，引发轰动。
- 1992年前后，方洪波等众多后期成长起来的职业经理人陆续进入美的。
- 1996年，美的大规模开展校园招聘。

大批的技术人才、管理人才、毕业生人才不断进入美的，这是何享健职业化理念在人才观念上的第一步体现。随之而来更重要的问题在于，如何让各路人才创造价值，让美的在职业化道路上走得更远，这些成为何享健思考的重中之重。

何享健找到的答案是：机制。

（2）**职业化理念的土壤：机制。**

何享健始终将机制当成企业的头等大事来对待，我们在第四章机制之根中对机制做了非常详尽的说明。在职业化理念的驱动下，何享健花费数十年时间，不断建立和强化企业机制，打造了适合职业化生长的土壤。

整套机制的建立，上到公司治理，下到内部管理，打通了美的的"任督二脉"。公司治理上，股改上市和MBO使得美的在治理结构上扫除了现代企业制度上的最大障碍，开始在职业化道路上昂首前行。内部管理上，美的通过以结果导向为核心的绩效激励考核、集分权管理、持续变革三大手段，打造了强有力的赛马机制。

对于职业经理人的管理，除了高绩效、高激励之外，何享健格外注重建立能上能下的机制，曾多次在内部大会上讲过："跨国企业的普遍做法是，经营单位两个季度未完成指标尚可原谅，第三个季度还未完成，职业经理人就要下课。以后我们也要形成这样一种文化，原则上不完成指标、不完成任务的就要承担责任。"

2006年之后，美的在绩效考核的约束之外，也加大了对其他方面的约束，如规范运作、诚信和职业操守等，相继出台了《职业经理人基本行为规范》《职业经理人六条红线》《竞业限制》等制度。

没有机制的建立，美的最多只会出现第三类职业经理人，即专业管理者，而不会出现职业经营者，更不会出现内部企业家，何享健被称为机制大师，确实当之无愧。

（3）**机制推动组织**。

美的的组织在机制的推动下，不断进行演变和升级。

例如，随着治理结构上的规范完善，美的集团从早期的直线职能制组织，逐步发展成如今的股东、董事会和经营者三权分立的现代化治理企业。

关于分权和变革对组织的影响，我们在前面已经介绍过了，这里重点来看结果导向机制对组织的影响。

在结果导向机制下，业绩突出的事业部在组织上有可能出现两种变化：一种是自身裂变出新的经营单位，如空调事业部裂变出中央空调事业部；另一种是合并其他事业部的品类甚至整个事业部,如生活电器事业部合并环境电器事业部。

至于业绩不达标的事业部,往往自己会主动进行组织调整,如果仍无起色就将面临被分拆或合并的命运。

(4)**组织锻炼团队**。

一潭死水,蛟龙亦被困;大江大浪,鲤鱼跳龙门。

美的就是通过多变的组织不断给各类人才创造发挥能力的舞台,提供表演的机会,从而发掘人才,锻炼队伍,真正实现能者上、庸者下。

以变革著称的美的,每一次的组织变革都是对团队的一次锻炼,也都会淘汰一些主管、经理、总监甚至总经理,也为更多的人才创造了机会。

为了解决团队职业化问题,何享健早在20世纪八九十年代,就通过给予经济补偿等方式陆续劝退了一批创业元老,其中包括担任仓库管理工作的何享健的太太。

2012年之前,何享健会利用每一次组织变革的机会,对高层管理团队进行调整。2012年之后,方洪波更是大刀阔斧地多次推动组织变革,在变革中锻炼了新的管理团队。

(5)**内生的职业经理人**。

美的的职业经理人,在1997年事业部制改革之前,只存在第三类职业经理人即专业管理者;在1997年进行事业部制改革之后,开始出现第二类职业经理人即职业经营者;

到了 2005 年成立二级平台的产业集团之后，开始出现了第一类职业经理人即内部企业家。

美的的职业经理人多是内生型的职业经理人，是随着机制的深入、组织的演变、团队的锻炼而逐步成长起来的，方洪波就是其中最为典型的代表。这种成长虽然经历时间长，但不是温室中精心呵护式的成长，而是在长期的绩效考核压力下、多次的组织变革中、内外部不断地打拼后磨砺出来的。

这种内生型的职业经理人懂得美的的机制文化，职业化程度也非常高，反过来又会进一步完善美的职业化的机制运作，从而形成从机制到组织、到团队、到职业经理人、再到机制，这样一个具有增强回路的职业化运行体系。

这与国内很多企业的做法不同，不少企业管理者总以为从外部聘用几个职业经理人就相当于打造了职业化团队，这种移植树苗的做法，根基一点都不牢靠，只要有几个高管离职，管理队伍立刻就散了。

空降兵不是不能用，但核心仍在于管理者是否长期有意识地在建立机制，然后用机制推动组织，用组织锻炼团队，从而形成适合职业化团队成长的土壤和环境，这时即使再引入一些空降兵，大概率也会达到较好的效果。

毕竟没有梧桐树，哪有凤凰来？而没有好土壤，又怎么种梧桐树呢？

> **内容小结**
>
> 何享健在交接班之前,多次对媒体强调过接班人的问题:"你们都不必担心我退休后谁来接班的问题,根本不用担心。通过机制来保证美的的发展,不是靠个人,是靠团队,靠制度管理。"
>
> 现在距离交接班的完成已经过去了十几年,以方洪波为核心的职业经理人队伍将美的带到了新的发展高度。
>
> 正是在何享健几十年的努力下,从最早期的职业化思想到建立机制,用机制推动组织,用组织锻炼团队,在团队中产生出优秀职业经理人队伍,并持续完善机制,从而形成了循环往复的职业化运行体系。

第二节　毕业生如何成长为总经理

经常有企业让我推荐人给他们,这个时候我通常会反问:"内部真的没有人用吗?"得到的回答都是一样的:"真的没人用啊!内部培养太慢,特别是相对全面的管理型人才,这么多年都没培养出来几个。"

对于复合型的经营管理人才,如果是抱着"培养"的想法，那大概率上是培养不出来的。人才培养方法，现在更流行的叫法是"人才发展"，很多企业都开始逐步掌握，但从结果来看大部分企业收效甚微。

美的近 20 年以来，几乎每年都会以千为单位大量招聘应届毕业生，美的现任、离任以及活跃在各行各业的总经理或总监级高管，超过一半都是早些年的应届毕业生。多年以来，美的被业界称为"黄埔军校"的确实至名归。那么，这些毕业生是如何走上总经理岗位的呢？哪怕不是毕业生，美的层出不穷的人才又是如何批量性出现的呢？

这不是因为美的采取了多么与众不同的培养手段，而是因为美的形成了一套行之有效的人才成长机制。因此，人才在美的与其说培养，不如说成长更为贴切。

1. 超常规的用人理念：五成把握就可以用

1999 年 7 月，我坐火车从北京来到北滘，作为一名毕业生小白，加入了美的空调事业部。

在 3 个月的工厂实习之后，我的第一个岗位是经营企划，具体内容是"竞争对手研究与行业政策分析"。那个时候我对美的都不太熟，就开始研究格力、海尔了。同时，又像无头苍蝇一样，到处去找各类家电行业分析报告。

又过了 3 个月，刚好赶上事业部请到了中国人民大学的教授来给美的做培训。因为是我母校的老师过来，晚上我和同在美的的同学去了老师下榻的小蓬莱宾馆，当面聆听教海,老师自然是先问了我们一些基本情况:来了多长时间,做什么岗位的,具体负责什么工作。

我说我是今年的毕业生,刚来 6 个月,具体负责"竞争对手研究与行业政策分析"。

老师不等我说完就表示很惊讶,直接打断我的话说道:"竞争对手研究这个先不说,但行业政策分析这个活儿,在大学和政府部门至少要有 15 年行业工作经验才可以做,你刚毕业就负责这个,做得了吗?"

那天我才知道,我承担了一个多么不自量力的岗位。

但是,一个在教授眼中需要 15 年经验才能做的岗位,在美的就是敢这么大胆放手给一个新人去做。当时我周围的很多毕业生也都在做着各种看似不可能完成的任务。最难得的是,周围不会有人质疑你,你要做的就是全力奔跑。我想我的宏观战略思维应该就是那个时候被逼着启蒙的。

我在美的十几年间,从集团总部、大家电事业部、小家电事业部直到产品公司,再从管理到业务,经历了多个全新部门和岗位。最大跨度的一次,是我在一天销售业务也没做过的情况下,直接从营运与人力资源部门转到负责海外营销部,这中间唯一能有点关联的,就是当时总经理知道我在自学英语。

这种发生在我身上的敢于用人的案例,在美的并不是个别情况:

❏ 美的置业集团总裁赫恒乐,初入美的时是律师岗位,后来担任法务部长,之后兼任审计监察部负责人,

2005 年转型出任美的地产总裁。
- 美的洗衣机事业部原总裁陆剑锋，毕业后加入美的，从导购主管做起，先后担任过分公司经理、营销公司总经理、事业部副总、事业部总经理等职务。
- 美的集团副总裁王建国，毕业后加入美的，从财务分析做起，先后担任过供应链管理部总监、行政与人力资源部总监、冰箱事业部总经理等职务。

……

这个名单太长了，我必须省去 1 万字。

最为外界所熟知的案例，自然是美的现任董事长方洪波，刚进入美的时从内刊编辑做起，先后担任广告科科长、营销公司副总、空调国内营销公司总经理、空调事业部总经理、制冷集团 CEO、美的集团董事长。一路走来，方洪波自己也曾坦言："每一次老板对我的岗位的安排，我都觉得难以胜任。"但是，何享健 20 多年前就认为：没有人天生就适合，只要有五成把握就可以用。

正是在何享健超常规的用人理念之下，一批又一批没有血缘、地缘关系，没有强大个人背景，甚至专业并非对口的人才，才在美的不断获得机会，并源源不断地成长起来。

2. 活水型的组织：让每一条鱼都变成鲶鱼

俗话说"铁打的营盘流水的兵"，这句话放在美的身上只说对了一半，因为美的是"流水的营盘流水的兵"。

企业发展遇到瓶颈，很多管理者往往会归结为人的问题。美的当然也会通过各种人事调整，来从人的角度解决一些问题，但美的更根本、更有效、更长久的做法却是先对自身的组织做检讨。

如果组织内部一潭死水，要改变的是水，而不是鱼。"流水不腐，户枢不蠹"，水都没流动起来，怎么能要求鱼先动起来呢？

管理学上常说的"鲶鱼效应"更多的是一种误导，不仅现实中渔民们不会真的这样去做，就是在企业组织里，一两条"鲶鱼"的进入，其结果要么是被同化，要么是被赶走，这也是空降兵长期以来存活率偏低的原因。在没有解决组织问题的情况下，仅仅试图通过解决人的问题来解决企业发展问题，往往是徒劳的。

美的500多次的组织变革，就是在不断地建设活水型组织。每一次的组织变革都会释放出一些如主管、经理、总监甚至总经理等岗位机会，在超常规的用人理念下，年轻人往往能够得到更多快速上位的机会，而年轻人又让组织再次充满活力，从而形成了组织与人才相互促进的飞轮效应。

主动的组织变革是这个飞轮效应的第一推动力，让组织里的每一条"鱼"都变成了"鲶鱼"。

3. 快速成长路径：打擂台式的加速进化论

在美的学院的墙上有这样一句话："宰相必起于州郡，

猛将必发于卒伍。"(见图 5-2）

图 5-2　美的学院三楼走廊尽头的标语

美的人才的成长速度之快，让很多前来交流的企业都叹服，但这些从内部成长起来的人才，从来都不是被呵护的，而是从最基层打拼上来的。

美的集团就像一个总擂台，各个事业部、各个部门就像不同级别的分擂台，由于美的制度清晰、规则明确，大家打的都是职业赛。比赛月月打（月度经营分析排名）、年年打（年度绩效考核），要想脱颖而出，站上总擂台，就要从下面打上来，打赢同部门的人，打赢同事业部的人，打赢其他分擂台的人。

即使一时打赢了，比赛也不会结束，因为随时会有人打挑战赛。擂台经常摆，有本事上来打。输赢的标准很简单，就是绩效。打不赢了、打不动了、想休息了，可以。不过，请把擂台让出来。

如果仅仅用丛林法则来形容美的内部的人才竞争，道理上是对的，但力度上是远远不够的，我更愿意称之为打擂台式的加速进化论。因为美的不是放任大家在组织内野蛮生长，而是在主动营造的竞争淘汰机制中，压迫着人才加速成长，否则就会大浪淘沙。

不成长，就退场。美的各级干部不会整天苦口婆心地劝你去学习、劝你去努力，因为你的自驱力能否被有效激发，更多地来自你的对手。

正是这种年复一年的、打擂台式的绩效比拼方式，让美的大量的人才从实战中快速成长。

4. 后备培养方式：考核徒弟，更考核师傅

后备干部（有些企业也叫管培生）的培养方式在成规模的企业里已经越来越成熟。美的集团有"航"系列、美的置业有"石"系列、波司登有"鹰"系列、林氏木业有"林"系列……人力资源部门都会制定详细的方案，并要求后备干部提交多份作业，来检验培养结果。

美的人才成长机制中，后备干部的培养方式可以说是一种有效的补充，但在操作上与众不同的一点是：不仅考核后备干部，更考核后备干部的导师。

例如，领航班（培养后备总经理）20个人分成4个小组，每个小组都会由一位现任事业部总经理担任导师。除了每个学员要进行各种评比考核之外，每位导师也会明确要承

担的职责，并有 20 多项的行为核查，同时小组之间的 PK 也代表了导师指导的水平。这就使得担任导师的总经理们必须悉心指导，而不会将培养学员搞成形式。

2009 年我在厨卫事业部负责 HR，当时针对毕业生的入职培养也出台过一项制度：先为每个毕业生明确一个指导人，指导时间为 3 个月，3 个月后对所有指导人进行考核，考核的标准都一样，但完全由毕业生给自己的指导人打分。这项制度一出，毕业生当然不敢随便给师傅打低分，但是每一个师傅却由原来的敷衍变得异常认真。

内容小结

每一家企业都希望人才济济，每一个老板都盼望良将如潮。然而，外部大环境的流动与人本身的复杂性，让所有企业都面临着人才这个最大的难题。

美的通过多年的实践，形成了一套行之有效的人才成长机制，使得人才的复制速度远远超过了流动速度，并让企业对个人的依赖度逐步减小。

超常规的用人理念、活水型的组织、打擂台式的快速成长路径、考核师傅的后备培养方式，都没有将焦点放在寻找某个高手的解决思路上，而是站在建立人才成长机制这个更高的维度来解决长期问题。

第三节　HR，既当好人，又当坏人

我曾经半开玩笑地和部门人说过，"HR"这两个字母不仅是"Human Resource"的缩写，而且同时是"hǎo rén"和"huài rén"的缩写。也就是说，要求人力资源部门既能做"好人"，也能当"坏人"，要同时具备两种相反的特性，才能做好人力资源工作。

美的 HR 可以说是"好人"当得足够好，"坏人"当得……我不能说"足够坏"，应该说"有水平"。

要想看懂美的 HR 的演变进步，就绝不能孤立地来看 HR，必须要结合业务的发展。因为美的 HR 的演变是完全与业务的发展进程同步的，这样才在不同阶段保证了整体的高速发展和成功转型。

因此，我们还是先来看看美的跨越半个多世纪的发展历程。

1. 美的走过的 5 个阶段

如图 5-3 所示，美的 50 多年的发展经历了从无到有、从少到多、从小到大、从弱到强、从低到高的 5 个阶段，简单说就是做"有"、做"多"、做"大"、做"强"、做"高"的 5 个阶段。

这样的阶段划分，并不是绝对意义上的严格区分和彼此对立。比如说，高速发展的第 3 阶段，做"大"的同时一定也存在着品类不断增加,产品越做越"多"的情况;战略转型的第 4 阶段,从追求规模转向追求经营质量,做"强"的同时实际上规模也在不断做"大",美的也是在这一阶段突破了 2000 亿元营收。

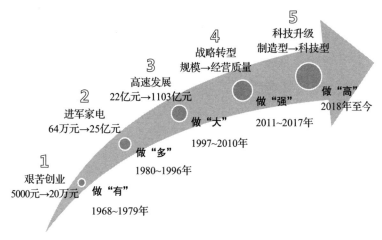

图 5-3 美的发展历程的 5 个阶段

但从拉长的时间线来看,美的还是呈现出非常明显的、不同阶段不同发展重心的特征,这也是中国企业崛起过程中非常典型的发展路径。虽然之前的章节有过一些介绍,我们还是来简单回顾一下美的这 5 个阶段。

(1)做"有":艰苦创业(1968～1979 年)。

美的 1968 年创立之初从塑料瓶盖做起,完全是生产自救,为了维持生计,先后做过玻璃管、五金等制品,还生产过汽车用的橡胶配件等,这是美的从无到有的初始阶段。

（2）做"多"：进军家电（1980～1996年）。

1980年，从风扇产品开始，美的正式进入家电领域。产值从64万元到1996年达到了25亿元，这个时期美的实现了股改上市。

这一阶段之所以称为做"多"，是因为这一阶段，奠定了美的之后20多年的行业定位和多元化路线。做"多"体现为大、中、小三方面：大，是大家电，美的1985年就上马了空调项目，是顺德第一家做空调的企业；中，是中间产品，1993年美的威灵电机投产，当年产量就达到11万台；小，是小家电，除了风扇，美的还生产电饭煲、电暖器、加湿器等产品。

（3）做"大"：高速发展（1997～2010年）。

1997年，美的推行事业部制改革，发展进入快车道。

沿着第二阶段做"多"的路线，美的在大、中、小三个领域都实现了高速增长：大家电领域，除了原有空调产品的增长外，中央空调、冰箱、洗衣机等品类陆续上马，并不断扩张；中间产品领域，电机、压缩机、变压器等品类快速增长，并做到行业数一数二；至于小家电领域的扩张，更是品类众多，包括微波炉、电磁炉、饮水机、热水器、豆浆机等，在此就不一一列举了。

2010年，美的实现销售1103亿元，进入千亿俱乐部。

（4）做"强"：战略转型（2011～2017年）。

2011年下半年，美的痛下决心踩刹车，推动战略转型，不再盲目追求规模，而是追求经营质量。

2012年，方洪波执掌美的，确定战略主轴为"产品领先、效率驱动、全球经营"。收缩战线、变革组织、632项目、T+3模式、MBS等一系列重大改革措施，极大改善了产品质量、运营效率、利润水平等。从经营结果来看，净利率从不到3%到超过9%，现金流从原来的负值增加到600多亿元，人均销售增长3倍多。同时还实现了集团整体上市，并完成库卡、东芝白色家电等重大收购。

从做"大"到做"强"，美的这一步走得不容易，但是很成功。

（5）做"高"：科技升级（2018年至今）。

2018年，美的成立50周年。在50周年庆典上，美的发布了新的愿景、使命、价值观。其中，新的愿景为"科技尽善、生活尽美"，"科技"作为独立的词汇进入了美的升级后的价值观。同一天美的还发布了高端品牌COLMO，正式吹响了向高端升级、向科技集团迈进的号角。

研发投入逐年加大，2018年至2022年美的已累计投入541亿元，构建起"2+4+N"的全球化研发网络。2020年年底美的进一步加大全面升级的力度，将第一大战略主轴从"产品领先"升级为"科技领先"，方洪波在内部多次强调："美的要坚持科技领先战略，这是我们的核心和基石，我们要志存高远，成为真正全球领先的科技集团。"

从制造型升级为科技型，美的正在努力撕掉家电制造的标签，全面向微笑曲线的高端攀升。

2. 美的 HR 发展的 5 个阶段

看完了美的走过的 5 个阶段，再来看美的 HR 发展的 5 个阶段，我们就会发现美的 HR 的发展演变完全与业务的进程同步（见图 5-4）。

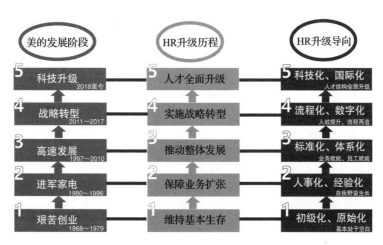

图 5-4 美的 HR 的发展演变

这也很容易理解，毕竟没有业务需求，就没有 HR 升级的土壤。但是，能够做到与业务保持同步，不断支撑业务发展，也不是一件简单的事。我们来看一下不同阶段，美的 HR 的升级历程与特征表现。

（1）**初级化、原始化：维持基本生存**（1968～1979 年）。

美的初创期还处于改革开放的前夜，那时美的只能算是生产组或公社，长期处于维持基本生存的状态，员工也不到 200 人。所以只能说是彼此相识的熟人关系，还谈不上什么人力资源管理，我们就不多谈了。

（2）**人事化、经验化：保障业务扩张（1980～1996年）**。

美的进军家电后，产品品类和型号越来越多，员工也越来越多，到1996年已超万人。

美的这时候已经开始超前地引入外部人才，如美的第一位博士马军、空调厂总工程师何应强，以及后来走上高管位置的方洪波等一大批全国各地的人才，都是这一时期进入美的的。

这个时期HR管理已经出现，但要承认的是，多数时候还是凭借个人经验，而且主要以人事类的工作居多，例如大量的招聘、考勤、计薪、发薪等基础工作，所以在组织架构上仍然体现为行政人事部，既没有和行政职能独立开，也没有摆脱人事管理的定位，可以说是处于野蛮生长的阶段。

（3）**标准化、体系化：推动整体发展（1997～2010年）**。

1997年事业部制改革之后，不仅集团正式成立了人力资源部，而且各事业部也都具备了独立的人力资源管理职能，美的人力资源管理从这一时期开始走上正轨。除了常规的招聘、考勤等人事工作外，人力资源部持续推动了大规模校园招聘、毕业生和干部培训、年度责任制绩效考核、年薪制等重要工作，积极推动了各事业部的高速发展。

2005年，美的通过聘请外部咨询公司，建立了集团内相对统一的职级、职群和薪酬体系，也就是美的内部常说的MPAO以及M3、P4等说法，包括内部职业经理人的定义和管理机制，都是这一时期建立起来的。

实际上，美的在这十几年里不断与各类 HR 咨询公司合作，包括华信惠悦、韬睿惠悦、怡安翰威特、美世、华夏基石等，基本上叫得上名字的 HR 咨询公司，美的都合作过。

通过外部咨询公司的辅导和自身的管理实践，美的 HR 实现了体系化和标准化，为员工赋能，为业务赋能，极大地支撑了美的走向千亿规模。

（4）**流程化、数字化：实施战略转型**（2011～2017 年）。

2011 年，美的实施战略转型，从追求规模转向追求利润、追求质量、追求效率。

HR 在这一阶段，在组织精简、职位清理、人员优化、干部管理等方面都做了大量工作，不折不扣地推动战略转型落地，并在 632 项目中重新优化了 HR 管理流程。

这个阶段，美的 HR 将人效指标作为核心指标，不仅与业务深度绑定，而且推动业务部门的组织效率提升。632 项目完成后，通过 HRM 系统的上线和持续优化，美的 HR 管理实现了流程化与数字化，例如可以做到数万名员工一键算薪、员工实时自助查询、管理层智能 BI 推送等。

（5）**科技化、国际化：人才全面升级**（2018 年至今）。

面对科技领先的战略要求，HR 最主要的任务是人才结构的全面升级。随着"三个一代"（研究一代、储备一代、开发一代）的研发体系建立，科技型人才的需求大幅增长，技术类人员占比要从以前的 30% 左右提高到 50% 以上，甚至接近三分之二。现在美的校招人员中，硕士和博士占比逐年提高，覆盖国内所有双一流院校以及海外知名院校。

除了每年例行的校招之外，高水平、专业领域的高级研发人员以及专家、院士等都是美的重点引进的方向。在美的目前的研发体系中，博士超过 500 名，硕士超过 4000 名，同时在人工智能、机器人、大数据等领域，美的也引进了一批具有非常高专业水平的专家，并在内部设立了专门的团队，负责专家的搜寻、引进和服务工作。

国际化人才方面，现在美的在全球拥有超过 3 万名海外员工，并在 20 多个国家和地区设立了分支机构。能推动全球经营的人才仍是 HR 引进的重点，包括具有丰富全球企业管理经验和跨文化沟通能力、能够带领多元团队的高阶管理者。目前，美的 HR 仍在快速进行科技化、全球化人才的全面引入和升级。

从上面描述的 5 个阶段我们可以看到，美的 HR 从来没有脱离业务闭门造车，而是不断根据战略和业务需要，做好组织管理和人才打造，这也是接下来我们要谈的内容。

3. 只有铁打的营盘，才不怕流水的兵

美的 HR 所做的工作，当然可以按照经典的六大模块或者流行的三支柱方式来逐一说明。但这实在不是我所喜欢的方式，我更愿意从实践中感受最深的部分说起，再进行总结归纳。

美的 HR 始终在平衡一对矛盾——"既依赖人,又摆脱人",一方面不断找牛人搞定事情,另一方面又要让组织具备"谁走了照样转,谁来了都能干"的机制能力。

早期美的会更多地依赖个人,原来在美的经常会看到的一种情形是"换手如换刀",换个总经理,业绩真的就会不一样。后期美的更多的是在打造组织力,不因业绩不佳才换人,而是主动进行大幅度、大面积、快节奏的中高层轮岗或人才流动,却依然可以保持业绩稳步增长。当然,这个过程中美的也踩过坑、走过弯路,但也越来越坚定了打造组织力的方向。

对于规模型企业,虽然有不少论调说,领导者要把50%以上的精力放在找人上,但我的建议是:领导者要把组织力的打造放在第一位,其次才是找牛人。毕竟,只有先把自己的组织建成铁打的营盘,才不怕流水的兵。企业内外部人才的流动只会越来越成为常态,与其追逐飞鸟,不如筑巢引凤。

美的出来的人被众多企业和猎头所青睐,这些人都是美的利用组织力打造出来的。作为打造组织力最核心的部门,美的 HR 做了哪些工作呢?这主要体现在 5 个方面。

(1)承接战略。

既能支撑业务,又不会被业务牵着鼻子走,美的 HR 能做到这一点,其出发点是承接战略。

例如,前面第四阶段提到 HR 将人效指标作为核心指标，推动业务部门的组织效率提升，就是因为"效率驱动"是美的之前的三大战略主轴之一。HR 第五阶段中，不断提升研发人员占比，就是承接"科技领先"的战略。

组织力的打造一定要承接战略，组织力也应该是基于战略的组织力。

（2）**组织变革**。

死水一潭的组织必然是丧失活力的组织，而活水型的组织只有通过不断变革才能实现。

美的每一次的组织变革，HR 都是推动变革的主要部门。推动变革是得罪人的活，HR 往往承受着巨大的压力，因为直面出局者是第一项要做的事情。不管 HR 愿意还是不愿意，喜欢还是不喜欢，都要硬着头皮顶上去。我不记得有多少次被人找上门要说法，还曾经面对激愤的员工罢工。

不论面对多大的阻力，美的 HR 每年至少要两次牵头推动组织变革。

（3）**考核激励**。

管理中常说这样一句话：员工不做你希望的，只做你考核的。所以，如何有效设计考核，如何有效进行激励，是非常实在的挑战任务。很多企业领导者不是没有战略方向，不是不愿分享利润，而是不会有效地考核激励。

考核激励，既不能唾手可得，也不能遥不可及；既要激发动力，也要有放有收。赏优罚劣，奖勤惩懒。美的 HR 常年周而复始地做着这项工作，即便如此，每次面对制定来年的考核激励方案时，都是慎之又慎，不仅反复和总经理商议沟通，还要进行多次模拟测算。

美的的考核激励在企业长年的高速发展中发挥了巨大的作用。

（4）建设梯队。

只靠一个人，或者只靠一批人的能力，还不能称之为组织力。要想形成真正的组织力，需要有层出不穷的人才梯队，不断地承上启下、继往开来。

对于人才梯队的建设，美的HR在各个层级、各个职群、各个时间段都在进行，既引入又培养，双管齐下。

例如，美的从20世纪90年代就率先进行大规模的校园招聘，当年我就是这样进入了美的。再如，HR持续开展各种后备班培养后备总经理、后备总监、后备经理、毕业生、实习生，营销类、研发类、制造类、采购类、财务类等，从线下到线上，从基层班组长到高管团队，常年都没有停过。

我记得原来统计过一个数据，美的自2010年起，每年用于培训的费用投入超过1亿元，之后该投入逐年上升。当然，这些投入并不仅限于培训学习，而是通过"学用结合，训战结合"的课程实践，帮助员工将培训知识转化为能力和绩效。

（5）塑造文化。

在考核激励上，HR是严格的和严肃的。在工作沟通上，HR不仅创造宽松的氛围，而且主动聆听各部门的声音。

文化，说到底还是要体现在人身上。在美的工作多年的人都会有一种感觉：虽然工作任务重、业绩压力大，但是团队的氛围是轻松的，彼此之间是开放的，工作沟通是坦诚的。HR 在其中从来不会充当钦差大臣的角色，相反还会主动和各部门打成一片，听取意见、收集问题、提供帮助，包括定期会下到车间基层关心一线员工，积极改善现状。

在这种既严肃又活泼的文化氛围下，各部门也会主动向 HR 反映问题、寻求帮助。绩效导向与开放和谐共同形成了美的的文化，HR 在其中贡献了自己的力量。

> **内容小结**
>
> 美的集团现任和上任 HR 总监都出身业务部门，其本身的业务背景就注定了对业务的深刻理解和有效支撑。
>
> 即使抛开 HR 总监的业务背景，我们也能看到美的 HR 在美的 5 个不同的发展阶段都支撑了业务的高速发展。能长期做到这一点，是因为美的 HR 为打造强大的组织力，分别在承接战略、组织变革、考核激励、建设梯队、塑造文化 5 个方面，持续推动，不断精进。
>
> 美的 HR，"好人"当得，"坏人"做得，而且都很到位。

第六章 —— CHAPTER 6

资财之力

第一节 "强势"的财务

美的财务,无处不在,无时不强。从集团到事业部,从总部到驻外,从何享健到方洪波,从20世纪到如今数字化时代,美的财务始终扮演着极其重要的角色。

我在美的和财务打交道近20年,财务部和我原来负责过的营运与人力资源部共同作为总经理两大"幕僚机构",交集不断,过从甚密,所以我对美的财务感受颇深。

不过,这几年我去很多企业却发现,财务部门给老板和业务部门的感觉,不是沦为做报表的账房先生,就是控制费用的"卡脖子"先生,哪怕是一些规模上百亿的企业财务,能发挥的作用也仅局限在财务专业内。

美的财务却不然，甚至可以称之为美的最"强势"部门，但这个"强势"不是因为声音大、管得严，而是因为美的财务的作用和表现非常强大，主要体现在五个方面：保战略、够专业、控风险、懂业务、能赚钱。

1. 保战略：凭借预算成为战略翻译官

每年9月，美的就开始启动全面预算的编制工作，并将其作为头等大事来做。

为什么这么早开始做预算？因为美的的预算不是"一稿定全年"，甚至也不是两稿，经常是从上至下、再从下至上反反复复做四五稿预算，最多的时候达到七八稿预算。

第二年是冲规模还是保利润，抑或实现规模与利润的某种平衡；是要强化市场攻击还是加大研发投入，抑或完成自动化改造；是要提升中高端结构还是提升新品占比，抑或提高平均售价……诸如此类，所有战略的导向和重点，全都通过预算工作的开展，覆盖和延伸到企业经营的方方面面，可谓算无遗策。

美的财务编制预算从来不是一厢情愿地闭门造车，各业务部门、各职能部门都会真正和财务做各种"斤斤计较"的讨论和争吵，甚至吵到老板那里来做最终决策。在这个过程中，每个部门都被财务反复"折腾"，财务也通过这个过程和每个部门把战略路径、衡量标准、各种经营活动的收支可能,都清晰地体现在预算报表里。

这样做出来的预算是真正用来执行的,不是单纯给别人看的。这样做出来的预算虽然无法对第二年的经营做到完美预测,但一定是最接近真实经营情况的。

值得一提的是,美的财务的全面预算没有停留在编制阶段,而是更多地体现在预算管理过程中,真正将预算作为战略分解和驾驭经营的重要工具。

美的财务正是通过预算的语言,把定性的战略翻译成了定量的指标和数据,保证了战略的清晰可见和抵达末梢。

2. 够专业:打铁必须自身硬

美的财务的专业性总是让我折服。

刚进入美的时,因为岗位要求,我需要做各种竞争对手分析,所以经常要用到财务数据进行对比。对我来说,这实在是有点挑战弱项。不得已,我只好不断地去求助财务同事,什么毛利、边利、存货周转、现金周期、长期待摊费用……那些在我眼里难懂的概念、枯燥的数字,每次经过财务的解释,我都大有收获。

经过财务长期的熏陶,一个文科生活生生被改造成数据男。我一直认为,专业性不是表现为满嘴术语,而是用浅显易懂的语言让外行都能轻松理解,然后还能主动配合。

后来我转型负责外销,为了更好地实现盈利,财务在我部门设专人专岗分析外销产品线,并进行亏损订单管控。对外销制造成本，每月都做明细分析，监控单班产量、生产损耗，并做料工费变化跟踪和劣质成本管理，还帮助我们建立了信用管理体系。可以说，正是因为有了财务的专业支持，我才能放心地谈客户、接订单。

我看到的美的财务的专业性，只是管中窥豹。因为从预算管理、成本管控、费用管控、资金管理、税务筹划、风险预警等多方面，美的财务都表现出了强大的专业性，各种及时准确的指标数据不仅给总裁、总经理强大支持，也让各个业务部门得到帮助。美的从5000元营收发展到3400多亿元，在财务上基本没犯过大的错误，这也和财务强大的专业性密切相关。

3. 控风险：守住企业底线

做好价值守护，管控经营风险，守住企业底线，毋庸置疑是财务的重中之重。

如果只是能够发现和管控经营结果的亏损风险，对财务来说还不能算是出色，能建立全面的风险管理体系才算优秀。

美的财务经过数十年的完善，搭建了包括对战略风险、库存风险、应收风险、汇率风险、税务风险、投资风险6大部分在内的风险管理体系。此处我们不逐一展开，重点来看与业务交集最多的库存风险和应收风险管控。

财务对库存的管理仅仅说严格是不够的，应该要说严苛。

财务的月报、周报、日报，都必然要有最新的库存数据。每月的库存盘点哪怕可能造成发货和生产的损失，也要雷打不动地进行，早期要花 2～3 天，后来业务多次反映后缩短至 1 天，但也是在确保能完成正常盘点的前提下，否则就要持续至最终完成。

美的对不良库存的管理更是越来越严，最早是超过 6 个月的为不良库存，其中的材料库存对采购进行考核处罚、成品库存对营销进行考核处罚，后来加严到超过 3 个月的即为不良库存。而且采取像期货市场的直接平仓方式，只要超过 3 个月还没处理的库存，就直接在当年利润里扣减其相应金额，这对事业部包括总经理在内所有人的年终绩效奖都有很大影响，对总经理的影响当然也最大，所以每个事业部总经理都非常重视不良库存的及时处理。

对应收风险的管理美的同样毫不松懈，只要一出现逾期应收账款，财务必定会第一时间通报至业务直接负责人及其上级。每个月的经营分析会上，财务会在总经理和所有一级部门负责人面前，专门和营销总监一笔一笔地确认逾期的风险大小、业务有什么动作、客户的承诺期限等。如果逾期较长、金额较大，财务会直接通知营销部门对逾期客户停止发货，并要求法务马上介入。

一谈到风险，财务是美的神经最敏感、意识最强的部门，因为财务时刻清醒地认识到自己守护的是底线，是企业的最后一道安全线。

4. 懂业务：业财深度融合

这是美的财务最强大的部分。

要说到业财融合，要说到对业务参与的深度和广度，美的财务可以说是"无孔不入"。对于市场、研发、计划、采购、制造、销售、服务这七大核心价值链环节，美的财务都是深度嵌入并发挥巨大作用的。

我以产品研发为例，来说明美的财务如何深度参与到业务中。

从图 6-1 可以看到，从产品线规划到产品上市销售直至产品退市，美的财务在每一个环节都没有缺席：

- 产品线规划时，财务要审核是否符合产品战略、年度规划和预算。
- 产品立项时，要审核投入产出目标。
- 产品开发过程中，要参与控制成本和开发交期。
- 产品上市时，财务不断通报销售额、盈利达成和成本变动。
- 产品退市时，要进行退市产品生命周期分析和推动遗留库存处理。

不仅研发如此，为了达成年度预算，财务对业务活动的每一个环节都要进行深入了解，从而形成独立判断，并在流程审核中给出专业意见。正是由于财务与业务融合度之高，所以美的财务的意见绝不是"仅供参考"，而是决策的重要依据。

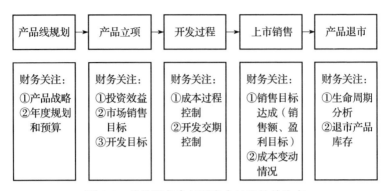

图 6-1　美的财务参与研发全过程的关注点

在早期手机终端还无法审批流程的时候，美的总裁或者总经理出差期间的短期授权，基本都是授权给财务总监。这不仅仅是因为财务管着钱，更是因为财务与业务的深度融合，使得财务在一定程度上可以进行管理决策。

5. 能赚钱：低调务实创利润

美的财务能帮公司赚钱，不是因为对费用的控制，而是因为能真正根据预算，对经营活动进行全面掌控。

有一年，事业部国内营销公司在旺季为了提升规模同时打击对手，就提出将上市 3 个月的主打新品进行降价促销。报告刚交上来，财务第一个站出来反对，理由是新品刚上市就降价，即使规模能达标，毛利也会恶化，而且会造成老品销售进度缓慢，下半年很难再把价格拉回来，全年预算都会大受影响。总经理最终听从了财务意见，没有动新品，只是重新改良了一款产品进行卡位战斗。

在市场开源端,财务会从销售结构、销售进度、新品上市、促销政策、推广活动、平均售价、成品库存等多方面,全程进行数据监测和通报,并适时预警干预,以保证营销部门有效开源。

在内部节流端,财务每年还主导降本工作,跨部门组织研发、制造、供应链进行成本分析,并形成很多具体的降本项目,来保证成本目标的达成。

在不少管理环节上,财务也主动为盈利做贡献。例如会和供应链部门一起,进行大宗原材料期货操作;和外销部门一起,进行外汇锁汇;同时自身还进行投资融资、税务筹划、资产处置等工作,直接给公司带来收益。

这些工作都对公司利润影响巨大,但由于较为专业或不便宣传,很多员工并不了解财务在忙些什么。等到年底财务站上领奖台,一次又一次领到利润贡献奖,大家才知道,原来财务直接给公司创造了成百上千万元的利润。

6. 为什么能产生这样"强势"的财务

美的为什么能产生这样"强势"的财务?主要有 5 点原因。

(1)战略定位高。

在 20 世纪 80 年代电脑还不普及的时候,何享健用手打着算盘都要开经营分析会。电脑普及后,何享健更是每天上午 10 点雷打不动要看财务报表。

何享健每次听事业部汇报或去事业部考察，财务都被要求紧随事业部总经理之后第二个发言。每逢经营出现问题，何享健都会第一时间把财务负责人叫来再三询问，如果财务支支吾吾说不清楚，八成就要下课了。

何享健时刻关注下面事业部的经营好坏，除了财务报表不离手、财务数据不离口以外，还非常看重事业部财务负责人的工作表现。原来在集团工作时，我们时不时就能听到他说，"这个会计不行""那个会计可以"，何享健嘴里所说的"会计"就是指各个财务负责人。

对财务的认识之深和定位之高，何享健要超越很多企业家。虽然不能说美的财务凌驾于其他部门之上，但是作为最重要的职能管控部门，美的财务一直以来都敢想敢说、说一不二，这和财务被老板赋予的、超然的战略定位有很大关系。

（2）一体化组织。

美的财务线始终实施一体化的组织架构，即从集团到事业部直至产品公司以及主要业务部门，都实行统一派驻管理（见图6-2）。

简单说就是一体化组织、双线管理。例如，事业部的财务总监由集团任命，业务上对事业部总经理负责、管理上对集团财务总监负责；营销部财务经理由事业部任命，业务上对营销部总监负责，管理上对事业部财务总监负责。组织上，层层向下，一竿子到底；权限上，业务指挥权归下面，管理决策权归上面。

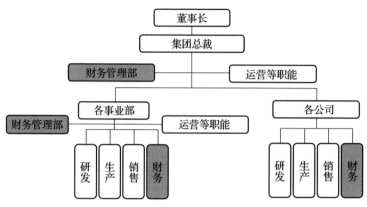

图6-2　美的财务组织架构示意图

美的采用分权的事业部体制，财务这种一体化的矩阵组织设置，既保证了事业部的经营活力，也实现了经营透明和风险可控。

（3）强管理权限。

美的《分权手册》明确规定了财务的各种权限，而且是"重后也重前"。除了和钱有关的事项必须由财务审核或审批之外，很多事项在费用发生之前都需要财务参与审核，而且越来越体现出财务的前置审核权限（见表6-1）。

这就在美的的"基本宪法"中保证了财务的强管理权限。

（4）强绩效考评。

绩效考评体系与财务强相关，主要体现在年度KPI分解和财务自身KPI考核两个方面。

表 6-1 某事业部《分权手册》(部分)

职权与业务流程规范

序号	职权事项		提案	审核	会审	审议	审批
一、经营管理							
1	分权手册编制与修订		起草人	销总/制总	运总、财总	集团经营企划	总经理
2	OA流程新增与修订		起草人	部门负责人		集团经营企划	运总
3	分权手册(含OA流程)编制与修订		起草人	部门负责人	运总-财总	集团经营企划	总经理
4	年度经营规划书		起草人	销总/制总	运总、财总	总经理-集团运营总监	总裁
5	重大会议和活动方案	大型会议<100万	起草人	销总/制总	运总、财总		总经理
		大型会议≥100万	起草人	销总/制总	运总、财总	总经理-集团财务总监-集团运营总监	总裁
6	涉及设立/注销/股权结构/经营范围、地址、名称、注册资本变更		起草人	销总/制总	运总、财总	总经理-集团法务-集团财务总监	董事长
7	月度经营状况分析报告		销财/制财	财总			集团财务

❑ 年度 KPI 的分解首先体现为财务结果指标的分解,如图 6-3 所示,美的每个部门都会直接或间接地承接财务指标。这样就保证了财务预算通过绩效考评体系进入并管理到各部门。

❑ 美的财务自身的绩效考评 KPI 往往都会包含营收、利润、周转等指标,而且考核权重不低于 50%,这与一些企业考核财务的核算准确或费用控制等指标很不一样。

这一点也让很多企业不理解,财务又不负责具体业务,怎么能直接负责利润指标呢?营收应由营销负责,成本、费用应由研产销等其他部门分别负责,这些都达成了才会有利润啊。

道理上没错,各部门肯定要负责分解后的各项收入、成本、费用等指标,但美的在总体上就是要用营收、利润、周转等 KPI 直接考核财务,这样才能把财务和业务绑定在一起,逼着财务去贴近业务,而不是置身事外,对业务冷眼旁观甚至指手画脚。

(5)**全流程嵌入**。

为了保证财务能参与到各项经营活动中,美的在流程设计上将财务做了全流程嵌入。

很多企业都在提业财融合,但仅仅在嘴上倡导是没有用的,如果不能在业务流程设计上让财务进入,仅凭业务部门的自觉肯定是不靠谱的。

从图 6-4 中四级财务流程深色框部分的设计,可以看出美的财务从预算到成本,都完全嵌入到业务流程之中了。

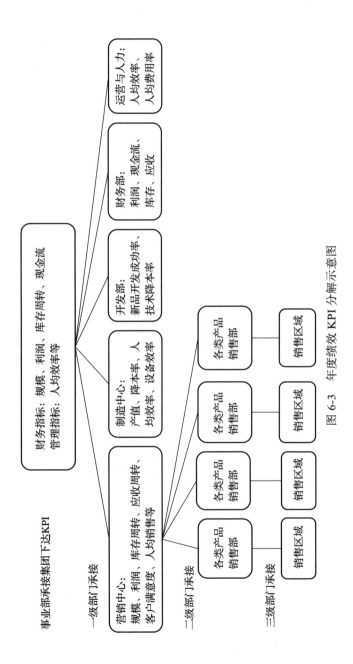

图 6-3 年度绩效 KPI 分解示意图

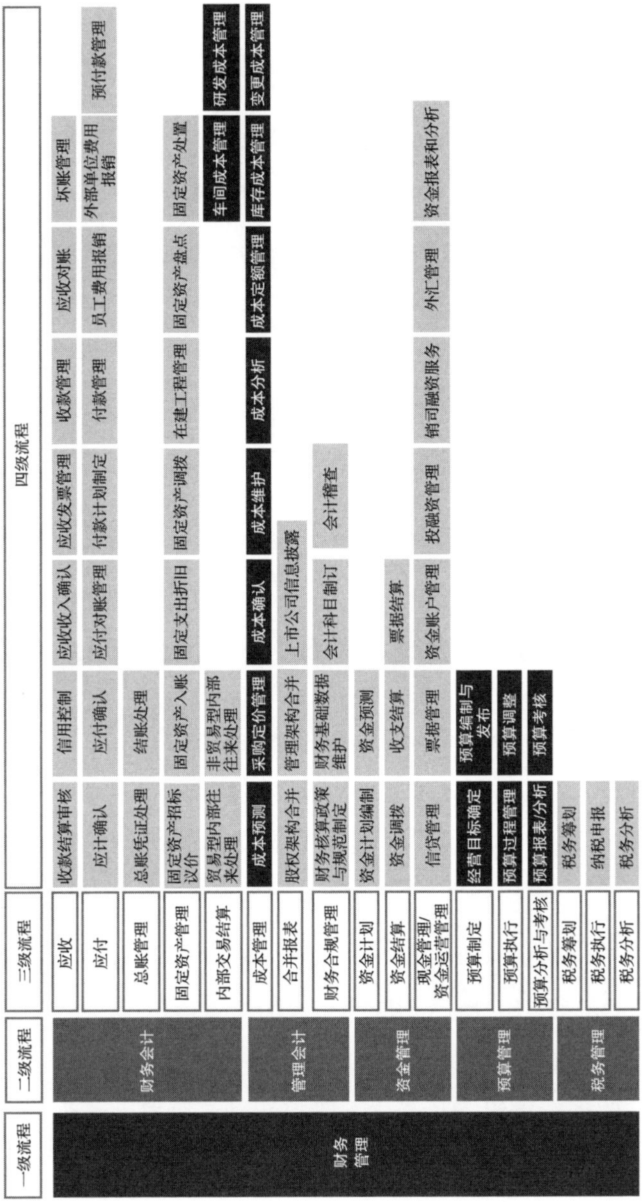

第六章 资财之力

一级流程	二级流程	三级流程	四级流程			
财务管理	财务会计	应收	收款结算审核	信用控制	应收收入确认	应收对账	收款管理		坏账管理
		应付	应付确认	应付确认	应付对账管理	应付发票管理	付款管理		外部单位报销	预付款管理
		总账管理	总账凭证处理	结账处理	付款计划制定			员工费用报销	
		固定资产管理	固定资产入账	固定资产招标设计	固定资产调拨	固定资产盘点	在建工程管理	固定资产处置	
		内部交易结算	贸易型内部往来处理	非贸易型内部往来处理					
	管理会计	成本管理	成本预测	采购成本管理	成本确认	成本分析	成本维护	成本定额管理	车间成本管理 研发成本管理 库存成本管理 变更成本管理
		合并报表	股权架构合并	管理架构合并	上市公司信息披露				
		财务合规管理	财务核算政策与规范制定	财务基础数据维护	会计科目制订	会计稽查			
	资金管理	资金计划	资金计划编制	资金预测					
		资金结算	资金调拨	收支结算	票据结算				
		现金管理/资金运营管理	信贷管理	票据管理	资金账户管理	投融资管理	销司融资服务	外汇管理	资金报表和分析
	预算管理	预算制定	经营目标确定	预算编制与发布					
		预算执行	预算过程管理	预算调整					
		预算分析与考核	预算报表分析	预算考核					
	税务管理	税务筹划	税务筹划						
		税务执行	纳税申报						
		税务分析	税务分析						

图 6-4 四级财务流程设计图

> **内容小结**
>
> 企业在管理中不论创造多少方法和工具,如果财务仅仅是个账房先生,我们都不能说其管理多么有效。
>
> 美的财务20多年前就转型成为经营型财务,在保战略、够专业、控风险、懂业务、能赚钱5个方面发挥了管理会计的作用,这样"强势"财务的产生与其战略定位高、一体化组织、强管理权限、强绩效考评、全流程嵌入的5个条件息息相关。

第二节　让资本外力成为他律和助力

美的作为一家上市公司,一直备受资本市场关注。美的也借助资本市场,解决了7个方面的发展问题(见图6-5)。

为了不陷入谈资本不谈管理的误区,我会尽量避免使用一些诸如"供股与配股""清洗豁免"等上市公司的专有词汇,如果还是有个别这类词汇,那就是我能力有限实在绕不过去了。

先说一下总的宗旨,美的不论在资本市场如何运作,如增发、收购、重组、私有化、股权激励、股权分置改革等,宗旨只有一个:在上市公司的规范下,实现整体发展战略,实现整体价值最大化。只有把握住这个宗旨，才不会被眼花缭乱的资本运作困扰。

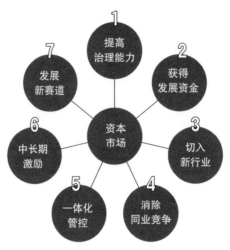

图 6-5　美的借助资本市场解决的 7 个问题

当然，美的在不同阶段，面对不同的问题时发展战略会有变化，我们就来逐个看看，美的到底是如何解决这 7 个方面问题的。

1. 提高治理能力，靠自律更靠他律

管理之上，更大的问题是治理。美的提高治理能力，走向规范化运作，成为现代化公司，不是单纯靠自我提升，更多是通过上市公司的改造，借助资本市场的力量实现的。

例如，1992 ~ 1993 年股改上市，让美的这个毫不起眼的乡镇企业从广东顺德众多企业中脱颖而出，由此走上了规

范化运作的现代企业之路，如果靠自我摸索和自我约束，大概率至少要花 10 倍时间，也许根本就走不出来，这在顺德周边很多企业身上都得到了验证。

再如，2001 年通过"三分开"的运作，美的进一步完善和清晰了治理结构与权责。

三分开，指的是人员、资产、财务分开。2018 年修订的《上市公司治理准则》第六十八条规定："控股股东、实际控制人与上市公司应当实行人员、资产、财务分开，机构、业务独立，各自独立核算、独立承担责任和风险。"之所以会有这样的规定，是因为上市公司普遍存在与控股股东各种人、财、物的交叉使用问题，甚至完全就是一套人马。

美的在上市之后也长时间存在集团与上市公司管理不分的问题。2001 年，美的集团正式启动"三分开"工作，并成立了专门的跨部门项目组，每周都开项目会议。我当时在集团总裁办，也是项目组成员之一，但还没有资格发表任何意见，只能做做记录、整理资料，还好经历了全过程。当时的项目组长是总裁亲自担任，副组长都是集团各部门的牛人。

这项工作并没有想象中那么容易，看上去好像是把人、财、物分开就好。但是美的从 1992 年上市到 2001 年，经历了近 10 年的高速发展，人、财、物很难分开不说，仅是注册过的数十家公司之间的持股控股关系就错综复杂，当时我和另外两位同事连着几天画公司关系图时就连呼头大。我还记得，"三分开"最后方案的出台是利用国庆假期在珠海的一家酒店完成的。

最终美的不仅实现了控股股东与上市公司"三分开"的目的,也同步将非上市部分进行了梳理,整体管理架构由此进行了重大调整,做到了架构重组、权责一致、运作明晰。控股股东上升为企业集团,上市公司为股份集团,非上市部分为威尚集团。"三分开"后的组织架构如图 6-6 所示。

再举一个 2006 年美的与高盛合作的案例,虽然最后没有做成,但影响和作用是非常有利的。

2006 年,美的在引入战略投资者方面,将目光投向了国际资本,在众多的国际资本中最终选择了高盛。2006 年 11 月,美的与高盛签订协议,美的电器向高盛定向增发 75 595 183 股,高盛以每股 9.48 元的价格投入 7.17 亿元,认购美的电器 10.71% 的股票。

然而之后美的股价不断飙升,使得 9 个月前的协议条件与证监会的新规出现了冲突,证监会发审委在 2007 年 8 月最终审核时,叫停了这一合作方案。

虽然这一次引入高盛无疾而终,但在何享健看来,这次与高盛的洽谈合作不仅仅是融资的问题,更是国际化的问题。何享健对资本的认识明显上升了一个台阶:"我们要从做产品到做企业,从做企业到做资本。下一步,我们的企业不光要讲效益、讲现金流,更重要的是看企业的市值,进行市值管理。现在的世界靠的是科技和资本,只要有资本、有科技,就什么都能做到。"

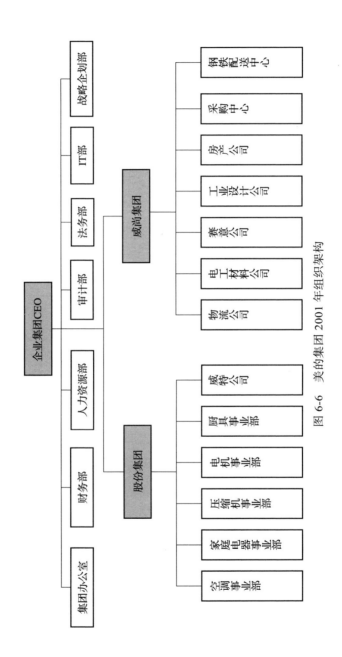

图 6-6 美的集团 2001 年组织架构

与高盛不断地交流，以及高盛前期所进行的培训和指导，实际上不仅提升了美的对资本市场的认知，开阔了其国际化视野，也增强了众多境外投资机构对美的发展的信心。仅仅在两三年之内，美的前 10 大流通股股东中，外资股东就占到 5 席，其中包括摩根士丹利等著名投资银行。

2. 获得发展资金，有钱好办事

企业不会因为不赚钱而立刻倒闭，但会因为手上没钱而顷刻崩塌。

从 1968 年筹集 5000 元创业到 1993 年上市之前，何享健无时无刻不在为资金问题所困扰。那个年代没有现在这种资本四处追逐项目的气候，没有一轮又一轮的融资环境。

在当年的环境下，为了解决资金问题，美的创业元老四处借钱，顺德某银行行长最终顶住压力贷款给美的，1986 年员工慷慨解囊帮企业渡过难关……一桩桩，一件件，何享健说起来都是无比动容，甚至潸然泪下。真是一分钱难倒英雄汉啊！

直到 1993 年美的实现股改上市，以往单一的融资渠道、脆弱的资金链问题才得以解决。通过资本市场，募集资金上马项目，实现快速发展，我就举两个例子好了。

- **1999 年配股融资**

1999 年 8 月，美的按 10∶3 的比例，以每股 7.5 元的价格配售新股，共募集资金 39 907 万元，其中 5435 万元用于收购 GTMC、GTMM 各 40% 股权，1 年收回投资；4912 万元投入 VRV 项目，该项目 2000 年建成投产（见表 6-2）。

表 6-2　美的 1999 年投资项目表

项目名称	投资金额（万元）
1. 扩大出口技改项目	10 080
2. 新建整流子电机项目	8 093
3. 收购 GTMC 40% 股权	4 383
4. 收购 GTMM 40% 股权	1 052
5. 新建智能变频空调（VRV）项目	4 912
6. 补充流动资金	11 387
合计	39 907

- 2009 年公开增发

2009 年 8 月，美的电器实施公开增发，募集资金 29.78 亿元，充实了公司的资本实力，支撑上市公司净资产突破百亿元，提高财务和资本的安全性。同时实现"长期资产"与"合并净资产"金额和结构的平衡，改善资本结构。募投项目如表 6-3 所示。

表 6-3　美的 2009 年募投项目简表

募投项目	投资概算（亿元）	拟募集资金投入（亿元）
1. 收购合肥荣事达电冰箱有限公司等三家公司各 25% 股权项目	1.43	1.43
2. 新建冰箱压缩机项目	4.92	3.09
3. 电冰箱技改扩能项目	4.52	3.39
4. 洗衣机工业园二期项目	7.21	5.41
5. 中央空调技改扩能项目	6.00	4.38
6. 新建家用空调越南基地项目	1.90	1.68
7. 家用空调武汉基地扩能项目	3.71	2.70

（续）

募投项目	投资概算（亿元）	拟募集资金投入（亿元）
8. 家用空调顺德基地扩能项目	6.04	4.40
9. IT数据中心建设项目	2.08	2.08
10. 中央研究院建设项目	2.00	2.00
11. 补充流动资金	5.00	5.00
合计	44.81	35.56

俗话说，有钱好办事。美的通过资本市场获得发展资金，快速做大做强。

3. 买买买，切入新行业

美的实施的是典型的多元化战略，而其能够快速切入新行业，多数是通过资本市场实现的，我们来看几个案例。

- 进入冰箱行业

2004年5月，美的与美泰克集团签署协议，获得荣事达·美泰克50.5%的股份，成为荣事达第一大股东。2004年10月，美的与华菱集团大股东——广州国际华凌集团签署协议，以2.345亿港元收购华凌集团42.4%的股份，成为华凌第一大股东。

- 进入洗衣机行业

荣事达既有冰箱也有洗衣机业务，虽然说2004年美的收购合肥荣事达已经算是进入了洗衣机行业，但是真正在洗衣机行业发力还是要等到收购小天鹅之后。2008年2月，美的电器与国联集团签订协议，以16.8亿元受让小天鹅

24.01% 的股权。

- **进入新能源领域**

2020 年 3 月 25 日，美的集团发布公告称，通过下属子公司美的暖通以协议方式，7.43 亿元收购合康新能 2.09 亿股，至此，美的集团累计持股占合康新能总股本的 23.73%，美的集团成为合康新能间接控股股东。2022 年 5 月，美的集团以 22 亿元入主科陆电子，成为控股股东。

- **进入电梯业**

2020 年 12 月 11 日，美的暖通与楼宇事业部完成对菱王电梯的并购交割，控股 84.85%。

- **进入医疗设备行业**

2021 年 2 月，美的以 22.97 亿元收购万东医疗 29.09% 的股份，成为控股股东。

美的能通过资本市场切入新行业的，就不会白手起家从头做起，这样更有利于快速进行战略布局。

4. 解决内部同业竞争，要从根儿上下手

美的形成了不同事业部之间的"赛马"机制，这是一种良性竞争。但是，如果在同一集团下出现内部的同业竞争，那就是一种恶性竞争。要解决这种恶性竞争，单纯靠集团的行政命令，作用不仅微乎其微，而且会伤害良性的"赛马"机制。所以，就必须从"根儿"上下手，这个"根儿"就是理顺每一家公司的产权，实现责权一致。

美的内部最明显的同业竞争，就是华凌白色家电与美的白色家电、荣事达洗衣机与小天鹅洗衣机之间的同业竞争。

- **华凌白色家电 vs. 美的白色家电**

自从 2004 年美的集团收购华凌之后，华凌旗下的空调、冰箱等白色家电业务，就天然存在着与美的电器旗下的白色家电业务同业竞争的问题。随着美的集团在华凌改造上投入的资源越来越多，华凌白色家电业务日益增长，与美的电器白色家电业务的同业竞争规模达到 20 亿元之多，问题日益凸显。

为彻底解决这一问题，美的直接从产权关系上下手。2007 年 11 月，美的集团作为两家上市公司的控股股东，对美的电器和华凌集团进行资产置换、反向收购等一系列动作。

简单来说就是，美的电器以 4.8 亿元受让华凌集团白色家电资产，这样就将白色家电业务都装在了美的电器一家上市公司之内。同时，将美的集团下属的电机业务注入华凌集团，并更名为"威灵控股"。华凌集团的市值从交易前的 33.5 亿元扩大至交易完成后的 57 亿元。既解决同业竞争，又再次提升市值，美的这一次的操作是一举两得。

- **荣事达洗衣机 vs. 小天鹅洗衣机**

美的收购荣事达在前，收购小天鹅在后，两家公司都有洗衣机业务，但是小天鹅不论品牌影响力还是销售规模，都明显强过荣事达。解决洗衣机业务的同业竞争问题，必然是将荣事达洗衣机装进小天鹅。

2009年10月18日签订框架协议，小天鹅以8.63元/股向美的电器发行8483.2万股A股股份，共计约7.32亿元，购买美的电器持有的荣事达洗衣设备9414.5万美元股权，即荣事达洗衣设备69.47%的股权。资产重组后，荣事达洗衣设备成为小天鹅的控股子公司。

至此，美的集团的白色家电业务脉络清晰，小天鹅成为"美的系"洗衣机业务平台，美的电器成为"美的系"空调、冰箱等白色家电业务平台。

5. 实现一体化管控与深度协同

2012年，方洪波执掌美的大权，并推动了重大的战略转型。此次战略转型在从追求规模转向追求利润的同时，也在克服运行了15年的事业部制本身所带来的一些弊端，主要是管控乏力和协同困难。

为此，方洪波提出了"一个美的，一个体系，一个标准"的一体化管控与集团内深度协同的思路，从组织架构、团队建设、流程体系、IT系统、企业文化等多方面对美的进行了脱胎换骨的改造。在这个整体思路之下，美的通过资本市场做了几个大动作，主要是整体上市、私有化威灵控股、私有化小天鹅。

- **整体上市**

2005年6月，美的小家电从美的电器上市公司中剥离。经过8年多的发展，美的小家电规模已经突破300亿元，利润率也在 6% 以上，不论是规模还是利润，都已经占据了美的三分之一的江山。

大家电和小家电业务虽然同处一个集团下，但是上市公司和非上市公司必然是两种不同的管理模式，这就与集团"三个一"的管控方向明显不符。因此，尽快实现上市部分和非上市部分的整体统一管控必然要被提上日程。最好的做法，就是整体上市。

当然，推动整体上市还有很多正面作用，例如缓解融资约束、提升企业绩效、减少关联交易、提升股权激励效应，进行符合长期战略发展需求的研发投入、并购活动和股权激励计划等。

2013 年 9 月 18 日，美的集团通过换股吸收合并美的电器，将小家电、机电以及物流等资产注入上市公司，成功实现整体上市，在治理管控层面上实现了整体统一。

按照一体化管控和深度协同的大思路，在集团实现整体上市的情况下，逐步对控股的威灵控股和小天鹅两家上市公司进行私有化，就非常容易理解了。

- **私有化威灵控股**

2018 年 2 月 20 日，美的集团通过美的国际以协议方式，对威灵控股进行了私有化。本次私有化涉及每股股份的注销价格为 2.06 港元，涉及总金额约为 18 亿港元。

- **私有化小天鹅**

私有化小天鹅的难度要大过威灵控股，因为小天鹅既有

A 股也有 B 股，同时更是深入人心的国产品牌。

美的自 2008 年收购小天鹅后，2014 年又增持了 20% 的股权，持股比例达到 52.67%，拥有绝对控股权。2018 年，美的通过换股，最终完全收购了小天鹅（换股比例是：1 股小天鹅 A 股票 =1.211 股美的集团股票，1 股小天鹅 B 股票 =1.0007 股美的集团股票。小天鹅 A 溢价 10%，小天鹅 B 溢价 30%）。2019 年 6 月 21 日，小天鹅终止上市并摘牌。

至此，美的通过收购、加大控股、完全收购的三步走策略，最终实现小天鹅私有化，将其融入了智慧家居系统全品类发展的大平台之下。

美的一体化管控和深度协同，在外部资本市场上取得了实质性的进展。

6. 中长期激励的必杀技：股权激励

美的在 2013 年整体上市之前，除了 2007 年对 7 名核心高管实行直接持股计划外，长期以来的激励手段都是以年度绩效奖金为主，不仅方法单一，而且最长的也就一年。短期激励自然容易产生短期行为。

2013 年整体上市后，美的不断推出多种股权激励方案，截至 2024 年 5 月 1 日，已实施 9 期股票期权激励计划（针对关键人才、骨干员工）、7 期限制性股票激励计划（部门负责人级的管理人员）、8 期全球合伙人持股计划（集团核心高管)、5 期事业合伙人计划（总经理级高管）、2 期持股计划（合并后的核心高管和关键人才）。

由此可见，对公司高层、核心管理团队及中层骨干，美的通过股权激励的多种方式形成了中长期激励机制，而且在股权结构上保持了经营层与全体股东的利益一致。

说起来，我自己是第一期股权激励的对象，当时思来想去，股权持有成本固定了，怎么才能让美的股价更高，让个人收益最大。几个人商量一通之后，得出结论：我们作为个体，力量太有限，不可能影响股价，除了把公司业绩做好点，剩下的就只能听天由命，盼着股价涨了。得出这个结论后，我们发现自己和种地的农民是一样的，把该干的活干好，剩下的就只能盼着老天给个好收成。但恰恰就是这点盼头，不仅让我们平时更努力干活，而且还能一年接一年地盼下去，这就是中长期激励的效果。特别是在整体上市后，美的股价比较长时间地呈现了上升势头，不仅让内部很多人获得实际收益，也让大家更有盼头了（当然，这只是从内部员工中长期激励的角度来说的，炒股则另当别论）。

再说一个股权激励的作用，现在很多猎头都说美的人越来越难挖动，因为在职人员动不动就拿自己的股权来抬高身价。虽然那是未来的钱，还没到手，但是也不能说那不是人家的收入，而且说不准还有可能更高呢。

可见，美的通过资本市场，不仅实现了中长期激励，还很好地保留了骨干人才。

7. 加快新赛道上的奔跑

美的除发展已有最大板块的家电 To C 业务以外,正在坚定地向 To B 业务转型。To B 业务主要聚焦在"四大四小"核心业务,"四大业务"指机器人与工业自动化、楼宇科技、新能源汽车零部件、储能,"四小业务"指万东医疗、安得智联、美云智数、美智光电。

对于新业务的发展,美的正在努力通过资本市场加速奔跑。2020 年 7 月,美的集团启动分拆美智光电上市筹备工作。2022 年 7 月 8 日,美智光电完成了第三轮审核问询,但在 7 月 21 日,美智光电申请撤回发行上市申请文件。然而,撤回创业板 IPO 仅两个月后,2022 年 9 月 27 日,中信证券与美智光电签署了辅导协议,这意味着美智光电重新启动 IPO。虽然过程曲折,但美的将新业务分拆上市的决心并未受到影响。

分拆上市显然和 2013 年整体上市是不同的操作,这是因为美的战略又发生了新的变化。美的集团 2013 年整体上市至 2023 年已经走过 10 个年头,战略主轴也早已从"产品领先、效率驱动、全球经营"升级为"科技领先、用户直达、数智驱动、全球突破"(见图 6-7)。

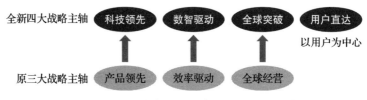

图 6-7 2020 年年底美的集团升级战略主轴

美的正在积极从制造企业转向科技集团，除了加大研发投入、引入大量科技人才等动作外，还想通过资本市场加快在科技赛道的奔跑。美的将要分拆上市的公司都具有科技属性，除了尝试闯关的美智光电外，还有可能会出现安得智联、美云智数等，这些公司都是来自数字化与创新业务板块。

股民敢买股票，投资机构敢投资，说到底都是在买一家公司的未来。美的将新业务分拆上市，一方面打开了在资本市场的想象空间，另一方面也可以借助资本市场，加快新赛道的奔跑，不论是在其自身的融资还是经营活动上，都能更加灵活自主。

毕竟"大树底下不长草"，美的要想摆脱制造业的基因，实现科技转型，这不失为一种有益的尝试。

> **内容小结**
>
> 美的从1993年上市到2023年，整整30年伴随着中国资本市场成长。
>
> 在这30年中，作为传统的家电制造企业，美的借助资本市场解决了7个方面的重大发展问题，分别是提高治理能力、获得发展资金、切入新行业、消除同业竞争、一体化管控、中长期激励、发展新赛道。
>
> 资本市场成为美的发展过程中强有力的他律和助力。

第七章 —— CHAPTER 7

营运之道

第一节 营运部门是做什么的

本书开篇中对美的"大运营"做了详细介绍,本章专门讲解美的"小运营",即营运部门到底是做什么的。我们首先来看,为什么会有营运部门。

1. 为什么会有营运部门

我原来在美的负责营运时,经常和部门的人讲:营运部门不是第一个出现的部门,但也许是最后消失的几个部门之一。因为诸如营销、研发、生产等部门,是基于分工成立的,而营运部门是基于协同成立的,也就是说,营运部门是为了解决组织分工之后的再协同诞生的。

即使有些公司规模较小，没有成立营运部门，但是营运的职能一定是存在的，只不过是被某些岗位承担了，比如企划经理、总经办主任甚至是总经理（总裁也包含在总经理的称谓里）。当然，如果是被总经理承担了，那么总经理一定是疲于奔命四处救火，因为太多日常管理事务会时不时地冒出来。

美的总经理确实具有拉通各部门并最终决策的职责和权限，但不可能事无巨细都由总经理出面。营运部门相当于总经理的"大内总管"，但这个"大内总管"不是处理行政后勤事务，而是处理战略目标下的经营管理事项。

营运，没有戴总经理的帽子，却站在总经理的鞋里。大到战略规划，小到部门纠纷，总经理要求的要做，总经理没要求的也要做，只要是涉及上下拉通、左右贯通的，都是营运的范围，因为这就是营运部门的天职。

2. 营运部门是做什么的

我们再深入一步看看美的营运部门到底是做什么的，我将其概括为营运部门的"12337"，即1个宗旨、2个动作、3个角色、3类工作、7项职责。

（1）1个宗旨。

如果说业务创造利润，那么营运创造价值。营运创造的价值就是推动业务更好地创造利润，更好地实现战略目标。

打个比方，营运就像排球队的自由人，哪里有问题就扑向哪里；之后还要像教练一样，想办法从根源上解决问题。保证球队获胜，是当期目标；保证球队不断获胜，是长期目标。基于战略实现组织价值最大化，就是营运的宗旨。

（2）2个动作。

纠偏、加速，是营运最主要的两个基本动作。

营运的工作一切以战略目标为基准，对种种偏离战略目标的行为及时进行纠正。同时，对于没有跑偏但是落后于进度的行为强力推动，使其加速前进。

（3）3个角色。

营运是"大内总管"，是排球队的自由人，这都是比喻的说法，可以再明确为三个角色：战略目标的推动者、重大问题的吹哨人、运营效率的加速剂。第一个角色来自营运的宗旨，后两个角色来自两个基本动作，一看就能懂，就不多解释了。

（4）3类工作。

营运的工作，按重要程度从低到高依次为保健类、改善类、突破类。

保健类，如工作计划的跟进、重大会议的组织等，做好了是应该的，没做好会影响同僚或公司。

改善类，如流程效率的提升、制度的完善等，没做好也大致能保持原样，做好了其他部门才有优化的感觉，公司才有进步。

突破类，是最难的，也是最有价值的。如果仅仅按照老板的要求去推动工作，这当然没有错，但没有最大限度地发挥营运部门的作用。要想做好突破类的工作，营运部门就得往前再迈一步，主动站在老板角度来思考，也就是前面说的站在总经理的鞋里。

我原来负责营运部门的时候，会强制自己跳下去和各公司的营运经理一起，专门寻找组织内的一些重大问题，进行深入调研分析，例如变革后的影响和遗留问题、新基地运作状况评估、产销协同的效率波动分析等。这类问题，有的是总经理非常关心的，有的是当时没有提上议事日程、却对组织影响较大的。

那时候，我每个月会带领营运经理聚焦一个主题，形成一篇《营运内参》，将调研分析后发现的重大问题给到总经理和高管团队，在管委会会议上进行讨论和决策，大家都认为每个月的营运问题分析很有价值。

（5）7项职责。

营运部门的职责主要包含以下七项。

- **战略规划与经营计划的组织编制**

美的集团到事业部会从上至下制定三年战略规划，而且是每年下半年滚动更新，具体到第二年的总体目标和工作，还须制定具体的年度经营计划。这项工作是首要工作，营运要在总经理指导下，组织所有部门进行，这个过程是倒逼各部门把未来三年的发展思路和具体工作梳理出来。

- **一级 KPI 考核管理**

照理说，绩效考核属于 HR 管理的范畴。这里营运对一级 KPI 进行考核管理，不影响 HR 的正常绩效工作。

我们在"大运营"中谈到过美的职能管控的三个抓手：人力、财务、营运，分别从人、财、事三条线入手。对于 KPI 的考核管理，HR 从人的角度出发，考核 KPI 负责人并推动负责人进行改善；营运是从事情的角度出发，看某个异常 KPI 背后的情况，决定是否需要给予资源支持或提高改善层级。

一级 KPI 是规划落地的重要指标，营运不能脱离一级 KPI 开展工作，所以也要将其纳入部门的工作职责，最终 KPI 考核结果对应的绩效奖励发放还是由 HR 负责，不归营运管理。

- **分权体系建立与优化**

美的采取分权为主的管理机制，分权体系的建立与优化在具体落地时由营运负责。营运在过程中要收集并及时优化分权事项，每半年还要集中进行一次《分权手册》的更新和发布。

- **流程效率提升与合理化整改**

流程分为业务流程和管理流程，往往会贯穿多个部门。营运在日常经营过程中，要对流程效率的提升负责。流程效率低，可能是因为审批的人处理得慢，也可能是因为流程本身不合理，慢的就要加速，不合理的就要纠偏，这就又回到前面说的营运的两个动作。

- **制度完善与执行情况检核**

制度最容易出现的问题，就是有人制定没人执行，而没人执行主要是因为没人检查。就好像公检法三家缺一不可，立法与执法都需要有人监督，才能做到合理有效。放到企业中也一样，既要有制定制度的人，还要有检查制度的人，否则制度很容易成为一纸空文没人执行。营运就要承担制度检核的职责，对公司所有制度的制定和执行检查监督，进而推动制度的完善和落地。

- **重点工作计划管理**

年度经营计划在执行过程中会转换成各项重点工作，日常经营管理时也会出现新的重点工作，这些重点工作要有计划、有顺序地进行落实，都需要营运去跟进，否则很容易停留在理论层面。

- **重大或专项工作调研与推动**

除以上六项固定要开展的工作外，还会有一些不固定的重大或专项工作出现，只要不是与其他部门强相关的工作，营运都要承担起来。说夸张点，总经理找不到负责部门的，就都交给营运。

3. 流程与制度，可以做得很实

我在管理咨询过程中，碰到不少企业的营运部门，在面对流程和制度这两方面时，总觉得很虚，常常不知道如何下手。实际上不必想得太大太多,一步一步来就可以做得很实,我举两个小例子,说明一下怎样从小处着手,来提高流程效率和推动制度完善。

流程效率方面,有些企业常常说IT系统落后,数字化水平低,所以流程效率很难提高。十几年前美的还没有现在这么高的数字化水平,当时办公系统只是简单的OA而已,那时候我在事业部推出2小时流程效率考核,中高层包括一些基层员工都不太理解,觉得这个要求太苛刻了,因为当时普遍是1～2天的审批效率。

我在会议上说,我们先提出一个高目标,前期以通报为主,看看哪些人做得到,哪些人做不到。再看做不到是因为人的问题,还是流程本身的问题,对症下药去整改,最后再进行考核。

2小时流程效率考核就这样硬推下去了,过程中也有很多人以种种特殊情况作为理由,如说OA的界面问题、网络问题、出差等。即使这样,这项工作还是坚持做下去了。仅仅六个月之后,不管是业务流程,还是工作审批流程,大家都明显感觉到比原来大幅改善。说明这项工作只是大家平时没有重视,没认真去做而已。

后来在一次会议上,我专门提到流程效率的这项工作,我说开展之初就预感到会被很多人诟病,但营运推动这项工作不是为了让别人说我们好,而是为了让整个组织变好。

再举一个制度完善方面的例子。那也是很多年以前我在美的的时候，有一次我看到财务发了一份处罚通报，是在月底的物资盘点中处罚了几个车间基层的班组长。进行处罚是因为这几个班组长把一些有用的、完好的配件物料扔到了垃圾堆，从公司角度出发，把有用的物料扔掉，是损害公司财产，当然要接受处罚。

作为营运部门，我当时多想了一层，为什么班组长明明知道这些物料有用，还要把它们扔掉？又不是偷出去卖了，还能赚点钱。冒着被处罚的风险，做这种明知故犯的事情，为什么？

经过与这些班组长的交流，我发现原来公司财务盘点制度里有一项规定："车间物料盘点差异率超过 1%，要对出现差异的该线体的班组长进行罚款，罚款金额为差异金额的 50%。"

这些班组长被罚过几次以后知道，不管是多了还是少了，只要有 1% 的差异就面临处罚。如果是少了，他们还可以和采购员沟通，让供应商赶紧送些物料。但是如果多了，他们发现退回去很困难，藏也没地方藏，几个人一商量，干脆扔到垃圾堆算了，估计财务不会去翻垃圾堆，这样来避免盘点差异带来处罚。

这就是制度缺陷带来的结果。我们就和财务沟通去修改制度，对于盘点的正差异，只分析不处罚。制度完善之后，班组长不仅不再扔有用的物料，而且非常配合财务的差异分析工作。所以作为营运部门，有责任去让每一项制度更符合实际情况，让公司价值最大化。

> **内容小结**
>
> 美的"小运营"的营运部门，如果用一句话来概括，可以说是"由协同而生，因价值而存，为战略而忙"。
>
> 营运部门的工作虽然繁杂，但不能混乱，"12337"的说法可以帮助我们做到杂而不乱。而作为营运主要职责中的两项，流程和制度可以做得很实。

第二节　营运的三个抓手

不少企业的朋友和我谈到营运部门的工作时，总会提到这样一个困惑："对于财务部门和人力部门，我很清楚应该让它们做什么。但是对于营运部门怎么开展工作，要从哪里入手，我实在有点摸不着头脑。"

大家往往一脸茫然，甚至有些企业压根儿就没有营运部门。没有营运部门也没有关系，先从设立营运岗位开始也是可以的。但问题依然没变，营运工作的抓手是什么？

美的营运部门开展工作，主要有三个抓手：抓规划落地、抓效率提高、抓问题改善。

1. 抓规划落地

现在很少有公司不重视战略规划，但仍然有很多公司不重视规划落地。

常见的情况是，上一年年末或当年年初，公司会集中管理层干部，少则两三天、多则一两个月，投入很多精力去做战略规划和战略解码，封闭培训和研讨的时候非常热闹，成果似乎也非常显著，但是散会之后呢？

很多干部依然故我，更多的时候还是陷入日常的部门工作中。年初研讨达成共识的规划变成了重要但不紧急的工作，可以一直排到下周或下个月。这样的结果不是主观故意的，却是客观存在的。

管理学上有一个非常经典的说法，"员工不做你期望的，只做你检查的"。实际上又何止是普通员工，很多管理干部也都是如此。特别是像战略规划、经营计划这样的长期工作，怎么可能依靠自动自觉就能开展呢？

我们当然希望干部都具备自驱力，但能够完全做到自律自驱的人毕竟是少数，这是人性使然。正是基于对这一人性的基本认知，美的设置营运部门去做推动的工作和检查的工作。不幻想人性的完美，只追求结果的达成。

抓规划落地，就成为营运部门开展工作的第一个抓手。不过，如果规划里面只有数字目标，只有方向策略，也是很难推动落地的。所以，为了让这个抓手更简单易行、直接有效，在规划的最后就必须形成具体的项目。

比如，美的集团在2013年的规划最后确定了10大项目，在事业部的规划中也会明确8个项目或6个项目。还有一种做法，就是按照项目等级进行明确，比如集团级（A级）项目7个、公司级（B级）项目9个、部门级（C级）项目8个等。在明确了相关的项目之后，营运部门就可以通过项目进度来推动年初的规划落地。

可以想象一下，如果没有营运来抓规划落地，要么规划被束之高阁，要么总裁自己亲自上阵，这样哪里还有精力做深度思考和外部链接呢？

2. 抓效率提高

第二个抓手，就是抓公司的管理效率。

举个例子，规模10亿元以上的企业基本都会有不少管理流程，而管理流程就像电脑的操作系统，不定期优化就只会越来越慢。那么，哪些流程最让业务部门痛苦？流程变慢主要卡在哪些环节？哪些工作又是因为没有标准流程导致效率低下？……

解决管理流程中的效率问题不能全靠IT部门，可以同时依靠营运部门。营运部门也必须站出来，主动承担这一职责。本章第一节中已经讲过营运抓流程效率的案例。

我们再来看一下管理效率中常见的会议效率。

很多公司的干部都会抱怨会议多、效率低，但是抱怨归抱怨，并没有人真正去解决，我在几家公司还见过老板召集干部，再开一个关于如何减少会议的会议。

实际上，现在很多公司都已经实现了会议室的在线预定，或者干脆召开线上会议，通过会议系统可以统计所有会议的时长、会议的主题、参会的人员等信息，然后进行综合分析，看看有多少会议是一个主题重复开了很多次的，有多少会议是无关人员或弱相关人员参加的，公司一年开会占用了多少小时……

这些数据统计完之后，一定会给公司高层不少惊人的结果：原来我们生命中用了这么多时间在开会，原来很多无关人员或弱相关人员都是被迫在开会，原来我们80%的会议是没有结论和后续行动的。

我原来在美的做过一个会议统计分析，并按照公司发给参会者的平均薪资来计算会议成本。比如这次会议出席了20个干部，按照年薪倒推出来每人每小时的薪资支出是多少，这样大概算下来，开一个小时会议可能就用掉1万元。

这种把会议时间换算成金钱的方法，让大家感受上更加直接和刺激，会议效率明显提升了很多，这要比一再强调"我们要少开会，开短会"有效得多。

当然，营运部门所要抓的效率，并不只是流程效率或会议效率，更好的做法是像财务一样，建立起运营管理的效率指标体系。

我们曾经建立过运营监控的12类指标，后来精简到8

类，然后再简化为"五维运营效率"，也就是从五个维度来衡量企业运营效率，分别是人效、物效、财效、事效、数效，并进行了定制化的指标设计和数据统计，这种做法就相当于全面分析上市公司的做法，只不过是侧重于运营效率方面。

从会议效率、流程效率到建立完善的效率指标体系，想方设法抓效率提高，就是营运管理的第二个抓手。

3. 抓问题改善

我最早负责营运部门的时候，实际上也是懵的，不是眉毛胡子一把抓，就是东一榔头西一棒槌。当时的总经理比我大十岁，已经在美的历练了十多年，他看到我这种工作状态，就把我叫到办公室对我说："我不需要你全面开花，也不需要你弄很多制度，你就做一件事：'抓典型'。出一个问题，你就抓一个、解决一个，而且让它下次不要再出同样的问题。"

后面的工作中，我开始"抓典型"，特别是抓"反面典型"。抓得多了，解决得多了，我明白这就是问题导向。

还是举个例子吧。有一次，营销部门与计划部门吵架吵到我这里。营销部门负责人投诉说，计划部门总是不能按时交货，但计划部门又反过来说，该交的货物都交了，是营销部门自己变来变去，今天说做快点，第二天又说做慢点，搞得我们也不知道该怎么排产了。

面对找上门的问题，营运作为跨部门的协调者，从来没有一刀切或者各打五十大板。最重要的是在这个过程中，找到双方都认可的标准。如果没有标准，就一起建立一个标准，形成共识。

当时营销部门确实也存在下单非常随意的问题，下了单就要求计划部门尽快排产交货，计划部门也想按时交货，但关键是不知道什么才叫"按时"。"按时"的标准是什么？难道每次都是营销部门的主观要求吗？

找到问题所在，我和两个部门负责人沟通：谁也别说谁"按时"或"不按时"，我们今天就一起把交期的标准确定下来，标准内的就是"按时"，标准外的就是"不按时"。经过半个多小时的协商，最后达成共识：新品，交期可以长一点，下单后 25 天交付；老品，交期要短，要求在 15 天交付。

按照这个交期规则，营销部门提前下单，计划部门滚动排产。计划部门超出交期标准的，甘愿受罚。常规订单，营销部门不能短于交期标准下单，特殊订单特殊处理，但不考核计划部门。之后，双方再不会为这个问题进行无谓的争吵和内耗。

下一步要解决的，就是如何进一步缩短交期、快速反应的问题。美的之后通过 T+3 模式，已经做到了 12 天以内交付，这是后话，我们后面再说。

对营运部门来说，问题不会完全消失，也不会越来少,对企业来说也是一样的。所以营运要做的是,让各个业务部门从老问题的循环当中跳出来,去面对更高阶的新问题。这就要求营运部门抓问题改善的时候,不能采取息事宁人的做法,而要从标准、制度、流程这些角度出发,帮助总裁把管理机制逐步建立起来。

关于制度、流程我再多说几句,虽然营运部门负责制度和流程管理,但并不是一上来就追求大而全。不要说中小企业,实际上很多大企业的制度或流程也不是十分完善,这很可能是因为我们还没有碰到那种场景,还没有遇到那类问题,因此也就不需要那些制度或流程。但是如果那种场景出现了,那类问题爆发了,这个时候还不通过制度或流程来解决的话,就会一直被问题困扰。

以问题为导向,通过"反面典型"从底层机制抓问题改善来提升管理,是营运管理非常好用的第三个抓手。

> **内容小结**
>
> 财务管钱,HR 管人,营运管事。营运怎么管事?
>
> 三个抓手:抓规划落地、抓效率提高、抓问题改善。

业务篇

第八章 —— CHAPTER 8

协同之智

开篇的"大运营之业务简捷"中,讲到了从市场到服务的七个业务环节构成了业务价值环。美的并不十分追求某一环节的异常出色,但是非常追求全环节的简单快捷,所以特别注重各环节之间的快速协同、快速反应。

本章内容的重心,也是放在美的整体业务如何形成高效运营上,而不是对七个环节逐一说明。

跨部门的业务协同,除了开篇所说的考核联动、激励相容、总经理负责之外,美的快速拉通业务的做法是什么,632项目如何实现全集团的协同一致,将在本章第一节和第二节内容中给出答案。

第一节 "三根针"成为拉通业务的龙头

企业中常见的一种情况是,老板们面对市场变化或客户投诉急得火烧眉毛,但整个业务链条响应速度缓慢,各个业务部门协同困难,营销说制造交货慢,制造说采购到料晚,采购说计划给得迟,计划说营销变动多,问题转了一圈还是找不到负责部门,总是要靠老板发火才能往前推动一点。但我们心里都清楚,靠老板发火并不能从根本上解决业务拉通的问题。

那老板不发火,七大业务环节能自行拉通吗?答案当然是不能。七大业务环节就好像散落的珍珠,不会自动串成项链,那怎样才能串起来呢?有人马上会想到"需要一根线"。

没错,"需要一根线"。但问题又来了,我们再想深一层,为什么柔软的线能串起珍珠呢?主要是针的功劳,而不是线的功劳。我们常说"穿针引线",要先穿针才能引线,也只有先用坚硬锐利的针打头阵,才能引领柔软细长的线依次拉通珍珠。所以在拉通的过程中,针才是首要条件,线不是。针是逢山开路的先锋,线是水到渠成的结果。针是龙头,是主导,是主心骨。

要想拉通各业务环节,就要先找到能作为龙头的"针"。美的在业务协同过程中,有非常明显的"三根针",在各自的业务场景下,它们发挥着将业务环节拉通、连接并转动不息的龙头作用，分别是业务以营销为龙头，交付以计划为龙头，标准以研发为龙头。

1. 业务以营销为龙头

在美的，有一个很明显的现象：80%以上的事业部总经理都是营销出身。现任董事长方洪波更是从最大的空调事业部国内营销线成长起来的。

美的各个业务部门，按照话语权排座次的话，如果营销部门第二，其他部门不敢说第一。事业部领导者是营销出身，营销部门声音又最大，营销部门在美的成为当仁不让的龙头部门，所有业务部门都必须听从营销部门的指令，因为营销部门代表市场、代表客户。

这在美的习以为常的做法，我原以为是天经地义的。但是做了几年咨询下来，我才发现是我太天真了。

我接触过一家日化行业的公司，亲眼看见他们的营销人员用无比温柔的语气，恳求工厂人员给他们多供几款产品，当时我惊到了。我以为是个案，赶紧和营销部门其他人员了解情况，他们异口同声说这是家常便饭，他们和工厂拿货要非常讲究沟通技巧和私人关系。看到这种情况是常态，我明白了为什么这几年他们业绩不理想，不是被互联网击溃，而是被自己打败。

我还参加过一家上市公司的年会，全程听下来，发现他们市场部的报告质量很高。但是由于这个市场部总监是新提拔上来的，就有几个资历比较老的其他部门总监，针对这份细心调研后精心准备的市场报告，不说自己部门怎么改变才能满足市场，反而不断质疑、指手画脚，总经理在一旁一言不发，听之任之。

我还见过不少这种情况，营销与其他业务部门各执一词、争执不下时，总经理要么做"老好人"息事宁人，要么不由分说各打五十大板。

以上这些"欺新""和稀泥"，甚至后台牵制前台的做法，实际上都是在削弱营销的龙头作用。失去营销的龙头作用，各业务部门就只有更多的内耗。

营销是龙头，这在美的是无可辩驳的常识，是根植在每个部门头脑中的定律。在美的，研发会抱怨营销给的开发周期短，制造会指责营销订单太散太急，计划会诉苦说营销需求变动太快、不停插单……那又怎样？说归说，抱怨归抱怨，即使有再大的意见，各业务部门还不是一样按营销要求认真干活。

有一次会议上，我因为之前收到了很多驻外营销经理缺货的反馈，会前又了解到主要是因为缺料导致生产交不了货，在会议上就忍不住批评了采购总监。当时采购总监没有解释，也没有反驳。会后我了解更多信息后，才知道当时其中一种物料是整个行业都奇缺，并不能都怪在采购总监头上。但因为我是代表营销在发声，所以他不能找客观理由，即使那是真的。更让我服气的是，总经理早就知道采购缺料的真实原因，但现场连一句帮采购开脱的话都没说，反而给采购施加压力，让他们尽快解决问题。营销的龙头作用，就是这样一点一滴建立起来的。

美的优先选择营销出身的人做总经理，就是因为这样的总经理始终能站在市场的角度做思考和决策，也就不会出现其他业务部门动不动就和营销叫板的现象。也许营销会变得嚣张一些、偏执一些、本位一些，也难免会犯各种错误，但只要代表市场、代表客户，就应该成为所有业务部门的龙头。

美的正是确定了营销不容动摇的龙头地位和作用，从而引入了外部市场的视角，打穿和拉通了内部各个业务环节。

2. 交付以计划为龙头

我们 5 年前在东莞与一家企业合作，老板在营销部门内部专门设了一个小组，叫生产跟单组，有四五个人。我说业务跟单好理解，就是负责跟进销售业务和客户的。但是营销里面的生产跟单是做什么的？

他们是这样解释的：老板主管营销部，但因为生产部门经常交货不及时，总是影响到营销，老板亲自抓了一个月交货的事情后，实在不胜其烦，就干脆在营销部门设了这个小组。几个人的主要工作就是每天跑到车间和仓库，去了解订单的生产和入库进度，轮流跟进交货情况，现场给生产施压，回来后再向营销汇报。

效果怎么样？他们所有人都摇摇头。我说，你们不是有计划、有 PMC 吗？怎么要让营销的人来跟交货进度呢？他们仍然摇摇头，说 PMC 的计划是乱的，完全指望不上。

计划部门被抱怨甚至被忽视，这不是一两家企业的情况，而是非常普遍的。

我在更多企业看到，存在销售插单、来料不合格、设备或模具坏等异常情况，做计划的人如果不调计划就没东西做、面临停产，调计划则会上上下下怨声载道。计划岗位的人员也是疲惫不堪、不断流失，熟手搞得定但是太烦琐不愿搞，新手没有 3 个月上不了手。

我这里所说的计划，不是指通常意义上的工作计划，而是指制造业的工厂计划，有些企业称之为 PMC 或者计调，美的就直接称之为计划。按照国际供应链管理的标准说法，应该叫作销售运营计划（S&OP）。

之所以把计划单独拿出来讲，因为计划是顺利交付的关键，是工厂运作的龙头。

很多制造企业对待计划，说起来重要，做起来不重视。计划岗只是做做排产表格的普通岗位，而所谓的计划经常被采购、营销、生产等部门搞得混乱无序。

与之形成鲜明对比的是，美的对计划格外重视，而且美的计划体系也非常强大，在交付上做到了真正以计划为龙头。

能不能交货，哪批货什么时候交，这些问题总经理从来不问工厂，而是直接问计划。我在 2012～2013 年管过一段时间的计划，当时总经理也非常重视，花了很大力气建立大计划管理体系，统筹并打通交付环节上的各个部门，让整个价值环顺畅流动起来，从根源上解决由于内部混乱导致的交货问题。

大计划管理，是集合了销售计划、采购计划、生产计划、出货计划、资金计划的"五合一"计划。整体的思路是营销不用再去操心交货的事情，更不用整天跑到车间现场去跟单；制造也不用天天和营销确认需求，更不用抱怨物料和仓库。

计划对交付负责，制造对计划负责。中间所有的环节调控都由计划来全面把控，大到年度经营规划与产销存的资源配置，小到每天、每小时、每一单产品的生产和出货。

计划在前端拉通营销做产销协同，在后端指挥采购、研发、生产等环节做一体化改善。美的的计划管理模式之后革命性地升级为以销定产的 T+3 模式：从一个月 1 次计划（月计划），到一个月 3 次计划（旬计划），再到一个月 4 次计划（周计划），再加快到一个月做 10 次计划（3 天计划），快速适应市场变化；同时在内部做到 3 天下单、3 天采购、3 天制造、3 天交付。

一句话概括：美的所有工厂的交付，都在计划体系的指挥棒下高效运作。

3. 标准以研发为龙头

很多争议性的问题，往往不是存在于某个业务部门内部，而是经常出现在业务部门之间。那些争议性的问题，多数又是由于彼此的标准不统一所导致的。

我在一家企业，曾见过对于一个部件的外观颜色，在系统中黑色的定义分类就有 7 种，比如黑色、亚光黑、半亚光黑、暗黑、亮黑、纯黑、电泳漆黑。实际操作中因此碰到很多问题，比如采购人员经常搞混，供应商送货出错，来料检验难以判断，生产工人就完全分不清这么多黑色。这还仅仅是颜色标准的问题，还有尺寸、重量、体积、材料、湿度、耐腐蚀度等多种多样的标准问题。

没有标准，会出问题。标准太多，同样会出问题。谁来统筹确定并管理产品、半成品、原材料的各类标准？

在标准的管理上，研发是源头，也是龙头。和产品相关的所有标准，都应该以研发为龙头。研发确定了产品的技术标准和相关参数，才会有 BOM，才会有采购标准、生产的工艺标准、品质的检验标准。

研发一旦对产品进行了改型或升级，作为标准的龙头部门，除了更新自己的技术资料以外，必须第一时间将最新变化给到采购、生产、品质，确保各业务部门同步更新，不能搞"抛墙式"的开发。

所谓"抛墙式"，是指研发开发完产品或变更了材料，隔着"一堵墙"丢给生产或采购,至于"墙"那边有没有伸手接、接不接得住,和自己无关。

我们在上面那家企业发现,系统中的黑色有 7 种,实际用得最多的只有 4 种,其他 3 种一年最多只用四五次。如果研发能够经常梳理这些标准,至少可以先把其他 3 种清理掉,这样采购就不需要每次都在系统里去做筛选。

现实中的情况是,即使只有 4 种黑色也仍然会带来上面提到的那些实际问题。如果研发能再多做一步,可以发现常用的 4 种黑色就算是客户也不太在意用哪一种。营销通过与客户沟通确认,最终将系统中的黑色减为了 2 种:亮黑、亚光黑。

标准化工作上,研发不能往后退,要挺身而出,充当龙头;更不能以客户需求为借口,不敢或不愿推动。

美的研发也走过这样的弯路,但是从 2012 年开始,研发做了大量这类标准化的工作,在满足客户需求、保持产品系列和型号数量基本不变的情况下,零部件 SKU 平均可以缩减 50%。标准化的工作影响巨大,因为 75% 的产品成本和产品复杂度在研发环节就已经定型。

研发当好这一龙头,对中后台的采购降本、供应商管理、生产效率提升、制费下降,都有事半功倍的作用。在这一过程中,美的还形成了物料整合化、接口标准化、功能模块化、产品系列化的"四化"工作法。这些方法也是美的研发作为标准化龙头的利器。

> **内容小结**
>
> 企业只有先做到内部业务拉通、顺畅流转,才能实现外部市场连接、货如轮转。靠沟通、靠自觉、靠老板的威严,都不能从根本上拉通业务。
>
> 找到穿线的"针",确定好拉通的龙头,才能让业务闭环畅通。美的为了拉通业务,做到了业务以营销为龙头、交付以计划为龙头、标准以研发为龙头。

第二节 632项目实现"三个一"

632项目是美的2012年战略转型的第一个大项目,是方洪波寄予厚望的、全力推动并效果显著的集团级项目,是美的实现管理纵向一致、业务横向协同的端到端拉通的重要项目。

2012年之前的美的更像一支多事业部组成的联合军队:组织松散、各自为战、协同困难、效率低下,亟须转变成为一支上下一体、协同一致的正规集团军。632项目通过对流程、数据、IT系统的深度优化,达到了整体业务运作的全面协同,实现了方洪波提出的"一个美的,一个体系,一个标准"的"三个一"目标。

1. 为什么要上马632项目

"外面看是一个美的,里面看是无数个美的",这是方洪波在2012年对美的的评价。

为什么这样评价?因为当时的美的虽然已进行了组织重组,在架构上完成了整合与精简,但是集团下面各事业部、各经营单位的管理方式各异,操作流程千差万别,就连数据口径都各不相同。例如,销售收入数据有按入仓计算的,有按出仓计算的,还有按结算计算的。说得好听点叫各有特色,但实际上就是缺乏统一的标准,存在严重的信息孤岛,彼此割裂,难以协同,集团开会时因为一个数据大家都有各种争议。

方洪波因此提出"三个一"的整合方向,即"一个美的,一个体系,一个标准"。找"一"并实现"三个一",找到美的运行多年的各事业部之间的共性,实现整体协同和一体化运作。但这只是方向,还需要找到具体的抓手,才能将其落地,而IT系统的整合就是这个抓手,632项目应运而生。

开展632项目之前,美的各事业部的IT系统可以说是五花八门,仅是关键领域的IT系统就多达100套,而且存在严重的同一功能领域多套系统等情况。

实施632项目,就是要通过IT系统的由散到合、由分到统、由N到1,从而在保持事业部活力的同时,实现集团级业务的标准化协同和管理的一致性运作。

2. 632 到底是什么

632 是美的一体化的 11 个 IT 系统的合称（见图 8-1）。

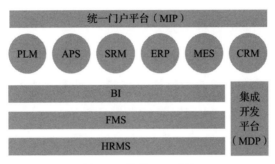

图 8-1　美的 632 系统

"6"指的是 6 大运营系统：产品生命周期管理系统（PLM）、高级计划排程系统（APS）、供应商关系管理系统（SRM）、企业资源计划管理系统（ERP）、制造执行系统（MES）、客户关系管理系统（CRM）。

"3"指的是 3 大管理平台系统：企业决策系统（BI）、财务管理系统（FMS）、人资管理系统（HRMS）。

"2"指的是两大技术平台：统一门户平台（MIP）、集成开发平台（MDP）。

一般情况下，知道"632"是这 11 个 IT 系统也就可以了，但在实际操作中却远远不够，甚至有点舍本逐末。因为，在这 11 个 IT 系统实施之前，还有两个非常重要的前置项目，即企业流程框架（EPF）和主数据管理（MDM），所以完整的 632 项目是 13 个大项目，而不仅仅是 11 个 IT 系统。这里必须要多说一句，没有 EPF 和 MDM，就没有后面的 11 个 IT 系统。如果将 11 个 IT 系统比作人体的各个器官的话，那么流程就是骨骼，数据就是血液，这样我们就能知道流程和数据对于后面的 IT 系统有多重要了。

我接触过的不少企业都很重视 IT 系统上线，却不重视流程建设和数据管理，这样的 IT 系统只不过是在花钱、花时间之后，努力地走向失败。

表面上看，632 项目是 IT 系统的实施。实际这是美的自推行事业部制以来，最重大的一次集团层面整体业务的标准化协同，也是一体化运营管理的提升。

3. 632 项目的效果如何

632 项目所取得的效果是前所未有的，甚至是超出预期的，我们可以从业务、战略、精神三个层面来看。

- 业务层面

632 项目通过"三个统一"实现"三个一"，即通过"流程的统一、数据的统一、IT 系统的统一"实现了"一个美的，一个体系，一个标准"。

流程、数据、IT 系统都从企业级上升为集团级，一个整合型集团的协同支持平台搭建成功，资源得到共享，协同得以畅顺，100 亿元规模的事业部也能享受 1000 亿集团的规模效应。同时，632项目还做到了经营可控，不仅财务、品质等各类风险可控，而且实现了高度分权下的可视化经营。

从这时开始，美的可以如臂使指地采取正规集团军的整体协同作战方式了。

- **战略层面**

632项目在战略层面取得了两大效果，第一个是计划内的，第二个是计划外的。

第一，在从追求规模转向追求利润的战略转型过程中，实现了端到端的高效运营与协同，为当年三大战略主轴之一的"效率驱动"做出巨大贡献。

第二，为美的数字化转型奠定了坚实的基础，并由此衍生出了第五大业务板块：数字化创新业务，造就了"四小"业务中的美云智数。这也是632项目被定义为美的数字化1.0的原因，虽然当初美的上马632项目并不知道后来要走上数字化道路，但毫不夸张地说，没有632项目就没有美的后来的数字化发展。

- **精神层面**

为了保证系统上线，IT团队几乎都睡在办公室，这样方便轮流交班。半夜实在扛不住了，就把旁边睡的人叫起来，洗把脸接着干。晚上从大楼外面看过去，IT团队的办公室那几层一直灯火通明，就这样项目是24小时不停的。

方洪波在年会上把IT团队这种全身心投入的做法称为"632精神"。632精神不仅高度肯定了整个项目团队，而且激励了所有战略转型中攻坚克难的团队，形成的氛围不是说"敢不敢偷懒"，而是问"够不够努力"。

4. 632项目面临的挑战是什么

我们上面说632项目的效果是前所未有的，那是做完之后总结的；如果从开始之前的角度来说，632项目所面临的挑战也是前所未有的。方洪波曾说："如果不成功，这个企业就无法运营，企业就失控了。最起码几个月不能运营，存在非常大的风险。"

632项目从启动到实施，始终面临三大挑战：系统全面替代的风险、项目与业务同步开展的矛盾、无处不在的惯性阻碍。

- **系统全面替代的风险**

美的原有的100多套IT系统，既有重复建设，也有孤岛作业，想用旧瓶装新酒，让新的流程和数据继续在那100多套IT系统上运行显然不太现实，外部也没有一套现成的系统可以完美替代，所以美的就面临着自主研发和定制开发一整套新系统的问题。一方面需重写的代码工作量巨大，另一方面整体替换的代价不菲，第一期就需要至少10亿元的投入。最主要的是，整体经营风险会很大，因为要将所有历史数据迁移到新系统里运行，成功概率有多大，谁心里都没底。

- **项目与业务同步开展的矛盾**

如果想要开展短期项目，可以暂缓其他工作，集中精力突击完成。但是 632 项目从 2012 年 9 月启动，到 2016 年 12 月全面复制完成，历经 4 年零 4 个月，在这漫长的时间里，美的不仅不能停下来只做 632 项目，还要确保各项业务稳步增长，同时还有各类转型工作都在同步开展。

那段时间也是美的人员优化的关键时期，不仅不能加人，还要减人，所以想靠增加人手来解决这一矛盾是行不通的。

- **无处不在的惯性阻碍**

既然做的是前所未有的事，就必然存在不适应、不习惯、不理解、不配合等各种阻碍，也必然存在思维惯性、组织惯性、工作惯性、行为惯性等固有阻力。

举个例子吧，我还记得当时让各部门上报项目组专职成员，一开始各部门负责人都不太理解，也不够重视，就随便从部门里挑人上报，结果名单里不少人被驳回，原因是没有上报业务经理或者业务骨干，工作经验不足的一律驳回。还出现过专职成员搬到集团办公，却又被事业部叫回去干活的情况，这种情况也受到了集团通报批评。类似这些情况，在早期和复制推广阶段都出现过。

惯性阻碍，不仅无处不在，而且无时不在。没有坚定的决心，没有坚决的管理，没有坚持的团队，是不可能做成 632 项目的。

那么，具体来说，632 项目开展过程中又是怎么做的呢？

5. 632项目开展过程中怎么做的

前面说过，632项目从2012年9月启动，到2016年12月全面复制完成，历经4年零4个月，分成4个阶段推进。

（1）**项目准备阶段（2012年9月～2013年3月）**。

美的集团于2012年8月完成总部组织架构的整合，仅仅在1个月之后就正式发文，决定整体推进IT战略规划，这标志着632项目的启动，可见632项目是紧随组织变革而进行的。

正所谓无组织不项目，2012年11月632办公室成立，作为632项目的推进组织。2013年2月，美的选择由麦肯锡来开展企业流程框架咨询项目（EPF），由安永开展主数据咨询项目（MDM），3月成立主流程、主数据咨询项目组。

至此，不论是外部咨询机构，还是内部项目成员，都已经准备完毕。人都到位了，可以撸起袖子开干了。

（2）**主流程、主数据建设阶段（2013年4月～2013年12月）**。

系统未动，流程数据先行。这一阶段，是全面进行流程优化和数据清理的阶段，是IT系统能够成功运行的先决条件和关键保障。

需要强调的一点是，美的当时有9个下属事业部，但并没有全面开花，而是选取了家用空调事业部、厨房电器事业部作为试点事业部。家用空调事业部代表大家电品类，厨房电器事业部代表小家电品类，不论规模还是可推广性，二者都非常典型。只要在这两个事业部能成功,那么就可以进行全面复制。

2013年9月,美的完成了六大类主数据建设。12月,美的完成了六大领域1～5级流程框架的打开,同时正式组建各个IT系统项目组,开始进入IT系统的建设阶段。

(3)IT系统试点建设阶段(2014年1月～2015年5月)。

要有IT方案,必须先有业务方案。2014年3～4月,完成业务方案的输出;5月,输出详细的集成IT方案;9～10月,SIT集成测试启动,UAT测试启动。

经过2014年整整一年的努力,美的终于在2015年1月,家用空调事业部实现系统上线,5月厨房电器事业部实现系统上线。

至此,632项目实现了从流程到数据、再到IT系统的建设,接下来就是在各个事业部的复制推广了。

(4)IT系统复制推广阶段(2015年6月～2016年12月)。

虽然主体工作已经完成,但是由于美的下属事业部众多,而且发展阶段、产品特性、客户渠道等各方面还是存在众多的差异,如果不能很好地解决,将会阻碍整个项目的推进。

合理评估差异,然后尽可能融合差异,成为复制推广阶段的关键。我记得美的当年一个小品类的业务差异点都有200多项,集团多元化业务之下的差异点更是呈倍数增长。

项目组这时又吸收了更多经验丰富的业务骨干,对成千上万的差异点进行评估，组织讨论并分辨，哪些是假差异点，哪些是真差异点，哪些是允许的差异点，哪些是融合点，哪些又是建议的融合点，哪些业务差异点是可控与可管理的，在实现整体协同一致的同时，确保业务的最优与合理。

经过不断地磨合，美的在 2015 年 12 月完成产品事业部的推广，2016 年 12 月完成中间产品事业部的复制，这一复制推广的过程前后历经 1 年半时间。

6. 为什么 632 项目能成功

632 项目是一个大工程，是美的事业部体制下实现整体业务协同、运营管理一致的创新型项目，也是美的数字化转型的地基型项目。艰难困苦，玉汝于成。能够超预期实现目标，主要有 4 点原因。

（1）一号位坚定不移的决心。

如果没有方洪波坚定不移的决心，就不会有 632 项目的成功。

方洪波面对 632 项目上马之前的各种压力和风险，曾说过："未来美的要想成为优秀的企业、伟大的企业，就是要彻底推倒重来。搞'632'系统没有错，看得见痛点，是很明显要解决的问题，它一定有回报，就是要在一张白纸上画最新、最美的图画。"

632 项目推动之初出过一个插曲。国际咨询公司的顾问第一次给美的一个项目组培训时,由于培训顾问没有企业实战经验,而且那一次也确实没讲清楚,项目组成员不少是被强行"抓"过来的,本身就有点"民怨",这下就"沸腾"了。

方洪波马上召集项目组开会,斩钉截铁地说:"这个项目成功了,你们都是功臣;如果失败了,是我方洪波的责任,你们不要有负担。但不能阻挠抵抗,一次讲不清,可以讲两次;这个讲不清,可以换个人讲,但必须要跟着顾问的方法走。"

大家听了这番话,都知道没有退路,再也没有人闹了。

方洪波说过:"一定要走这一步,才能充分发挥内部协同效应,解决很多以前的问题。"方洪波做 632 项目的决心,是不达目的不罢休的笃定和坚持,是"虽千万人吾往矣"的坚决。

(2)**全方位的组织保障**。

632 项目开展过程中前前后后成立了各种各样的项目组,有 632 办公室、主流程和主数据咨询项目组、各个 IT 系统项目组等,大大小小共有几十个。

众多的项目组可以分成三大类:业务类、流程类、IT 类。业务类负责保证业务梳理后的标准化和数据一致性,流程类负责端到端流程规划与改善、合规检查、运营评价,IT 类负责所有结果的 IT 固化和所有 IT 系统的集成。

项目组内还分有专职人员、兼职人员、外部顾问,各个项目组负责人的级别是就高不就低，能由总监担任的就不让经理担任。对于项目组成员也有严格的入选标准，必须为各领域专业骨干，在美的工作满3年以上。

（3）**严格的项目管理**。

长周期的大项目必须要有严格的项目管理，632项目在出勤纪律、项目交付、投入保障等各方面都有明确规定并严格考核。

出勤纪律上，要求项目组成员集中办公，并严肃项目周例会和评审会议纪律，集团领域级负责人和事业部级推进小组领导者不允许请假，因公出差请假者一样要被考核。当时各事业部总经理的所有行程安排都要为632项目让路，其他项目组成员更是全情投入。

项目交付上，美的明确各阶段交付时间和交付质量标准，对集团各领域级的交付结果进行排名并奖惩，要求每周必须有进展，每周项目组长给总经理汇报，每月总经理给方洪波汇报。项目组内和各项目组之间既有考核压力，也有良性竞争。

投入保障上，由于项目确实是时间紧任务重，阶段性的加班成为常态，要求集团和各事业部投入足够的资源，保障项目组的物资后勤和加班费用。

当然，项目的奖励也是巨大的，集团最后给整个632项目团队的奖励金额达到500万元，各事业部也有不小的内部奖励。

（4）**循序渐进地推动节奏。**

推动 632 项目，美的做了充分的准备，从项目前期的准备，到主流程、主数据的优化，然后选取试点，成熟后再逐步推广复制。4 年零 4 个月的时间，整个项目组虽然快马加鞭、加班加点，但整体来说并没有急于一时、盲目行动，而是追求每一步的成熟和成功。

同时，为了确保全员的理解和执行，美的还在过程中做了多次大范围的培训、考试、宣传等工作。

> **内容小结**
>
> 632 是 11 个 IT 系统的合称，实际是包含流程和数据项目在内的 13 个项目。632 项目是美的前所未有的大工程，从方洪波到众多项目组成员都付出了艰苦卓绝的努力，通过对流程、数据、IT 系统的深度优化，达到了整体业务运作的全面协同和管理一致，实现了方洪波提出的"一个美的，一个体系，一个标准"的"三个一"目标，也开启了美的数字化 1.0 时代。

第九章 —— CHAPTER 9

效率之核

业务价值链在实现拉通并高效协同之后，真正的核心还是在于不断提效，因此以效率为内核的能力才是全价值环节难以复制的核心能力。

第一章战略之眼的总成本领先战略中写到，美的有效降本的第三个阶段就是以效率驱动为主的全价值链管控，通过全环节的效率提升实现系统降本，从而使企业获得新的竞争力。

前面章节中多次提到的 T+3 模式与 MBS 是美的全面提升效率、走向卓越运营的成功做法，我们将在本章内容中做重点介绍。

第一节　T+3 模式，美的"易筋经"

最能体现美的全价值链卓越运营能力的，非 T+3 模式莫属。

T+3 模式的实施，对美的来说，从一开始的伤筋动骨，到后来的强筋壮骨，再到如今的脱胎换骨。T+3 模式虽然没有改变美的的管理机制和文化基因，却全面改造了全价值链的运营模式，形象一点说，T+3 模式是美的重塑自我而练就的一套"易筋经"。过程如此痛苦，美的为什么还要推动 T+3 模式呢？

1. 一直走在老路上，永远到不了新地方

美的推动 T+3 模式，不是灵感乍现，也不是故弄玄虚，而是基于对市场环境变化的判断。

海明威说过，鸡蛋从外打破是食物，从内打破是生命。美的正是因为意识到，如果自己再不主动从内打破的话，就会被市场从外打破，沦为环境的食物。

旧时代结束，旧模式失效。这是方洪波在 2012 年执掌美的之后，对中国家电制造业 30 多年发展做出的判断。这个基本的判断可以进一步概括为传统家电业的"1234"：1 个无效、2 个消失、3 个变化、4 个弊端。

- **1 个无效**

大规模制造、大规模压货、大规模分销，这种粗放单一

的产销模式，已经越来越无效。

- 2个消失

高速增长的规模优势消失了，过去国内市场和出口规模每年有30%以上的增长，这一增长持续了二三十年，现在增长开始碰到了天花板，高速增长掩盖的问题就暴露无遗。

以要素成本为主的低成本优势消失了，材料、人工、厂房、土地、设备等成本逐年上涨，包括很多隐性成本都开始上升，成本优势一去不复返。

正是随着规模优势和成本优势的消失，传统的产销模式失效了。

- 3个变化

市场从增量竞争转为存量竞争；线上平台高速发展，冲击线下体系；个性化消费模式不断涌现，多品种、小批量替代少品种、大批量。

- 4个弊端

原有优势消失，新的变化出现，传统产销模式的弊端越来越凸显，主要体现在4个方面：效率低下、库存高企、费用增加、渠道迟滞。

一直走在老路上，永远到不了新地方。美的推动T+3模式是革故鼎新，是主动告别旧时代、积极迎接新变化的自我革命。

那么，T+3模式到底是什么呢？

2. T+3 模式到底是什么

一句话来概括，T+3 模式是以用户需求为导向、高效满足客户订单的一种模式。

"T"是周期的意思，美的将一款产品从客户下单到送达客户手中，一共经历了 4 个周期：下单（T）、备料（T+1）、生产（T+2）、发货（T+3）。这 4 个周期，美的内部要求做到每个周期 3 天完成，这样从客户下单到收货，只需 12 天（见图 9-1）。

图 9-1　美的 T+3 模式

当然，美的一开始设想这个周期的时候，不是 3 天而是 7 天，因为能做到每个周期 7 天就已经不错了。但是，站在客户角度思考的话，走完 4 个周期，那就要至少 28 天，将近 1 个月才能收到货，实在太久了。为了提升客户体验，快速满足市场需求，美的最终将每个周期定为 3 天。

上面所说的这些内容是小天鹅洗衣机事业部从 2012 年开始探索的，经过近 3 年的实践，效果异常显著，然后于 2015 年年底美的在全集团进行了大力推广。

虽然美的集团内存在着大小家电的产品差异、空调与洗衣机明显的淡旺季差异等客观情况，但在克服了种种困难之后,T+3 模式在所有事业部都成功复制。

为了更好地理解 T+3 模式,我由下至上分别从产销模式、业务模式、商业模式三个层次再来分析一下。

- **第一层次:T+3 模式,是新产销模式**

美的传统的产销模式,是层层分销、打款压货的模式,是推式的储备订单模式,是以产定销的模式。而 T+3 模式与之相反,是拉式的客户订单模式,是以销定产的模式。T+3 模式颠覆了传统的产销模式,一句话概括:从以产定销转向以销定产。

- **第二层次:T+3 模式,是创新变革的业务模式**

为了实现 T+3 模式,也就是要做到每个周期 3 天,美的在营销端、研发端、供应链端、生产端、物流端等多个业务环节,都进行了各种创新变革。

图 9-2 是美的从工厂到分销商的业务模式变化,箭头表示连接关系变化,模块大小表示重要度变化。

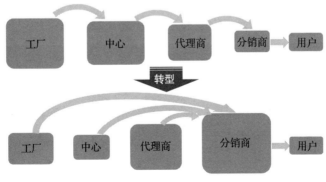

图 9-2　美的 T+3 模式转型

我再举几个例子，有些在图中是没有体现的。

如营销端，从原来的营销分部对经销商，转变为总部直接面对经销商，从原来的营销政策各异，到一盘货的通盘统筹。

研发端，从被动接受产品开发任务，转变为平台整合、精简 SKU、推动 CDOC 等多种源头管理。

供应链端，从原来的多物料、长周期、高库存，转变为物料细化管理、差异化供货等方式。

生产端，从原来的按产品类型汇总排单生产，转变为按客户订单、小批次、多批量生产。

物流端，从代理商的多地多仓库方式，转变为下线直发、协同仓库存共享等方式。

美的利用 T+3 模式，通过产销双向倒逼，创新变革了业务模式。

- **第三层次：T+3 模式，是全价值链协同的商业模式**

T+3 模式在推动业务模式变革的基础上，进一步构建了美的全价值链协同的商业模式。

商业模式有很多高深的定义，我们这里还是用最直白的说法，就是企业是怎么赚钱的。美的原来的赚钱方式，是通过不断放大的规模效应和看得见、摸得着的低要素成本来赚钱，也就是将规模优势和成本优势发挥到极致。当然，这钱赚得也不容易。

T+3 模式则是通过效率驱动，重新构建新成本优势。说白了，不是通过地区转移或者成本转嫁，而是要通过效率赚钱。按照方洪波的说法，"美的转型升级，选了一条最难的路"。

T+3模式实现的效率驱动，是全价值链的卓越运营效率，不仅包含美的自身，还将上游的供应商和下游的经销商全都纳进来，整体协同推广，供应商也逐步实施T+3模式，代理商转型成为运营商。T+3模式最终构建的是美的全价值链协同的新商业模式。

从以上三个层次的分析来看，我们可以了解到，美的T+3模式不是自我标榜的理论，也不是常规意义的方法论，而是对自身的高标准严要求，是一种从客户角度出发、倒逼能力提升、全价值链效率驱动的模式。只有理解了这种模式，里面的一些具体方法才会行之有效。

那么T+3模式的效果又如何呢？

3. T+3模式让美的脱胎换骨

T+3模式不愧被称为美的"易筋经"，因为它确实达到了让美的脱胎换骨的效果。效果主要体现在经营结果、能力提升、思维改变三个方面。

- **经营结果**

如图9-3所示，通过对比数据可以看出，不论是率先实施T+3模式的小天鹅洗衣机事业部，还是推广后的美的集团，不论是仓库面积、市占率、周转率，还是净利率、现金流，都有大幅的改善。

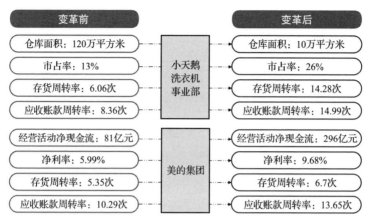

图 9-3　T+3 模式变革前后对照

注：数据来自年报，变革前数据均为 2012 年数据；变革后数据，小天鹅洗衣机事业部为 2015 年数据，美的集团为 2020 年数据，因美的集团 2015 年年底才开始推广 T+3 模式，所以不取 2015 年数据。

实际上，还有很多经营数据也得到明显改善，例如呆滞库存的下降、当天作业完成率的提升、产品平台的精简、下线直发数量的增加等，因为美的集团作为上市公司未披露这些数据，这里也不便公布。但想说明的一点是，T+3 模式对美的经营结果的改善是全方位的。

- 能力提升

我们常听说打造敏捷型组织，而 T+3 模式是美的打造的敏捷型价值链。

正所谓，天下武功，唯快不破。T+3 模式的实施大幅提升了美的价值链的整体快速反应能力。满足订单要求不再依靠高库存，而是凭借快能力。市场环境和用户需求越来越快速多变，T+3 模式使得美的具备了以变制变、以快打快的能力。

- **思维改变**

客户导向，以用户为中心。这句话，说起来容易做起来难。

传统的以产定销模式就是在嘴上喊着"客户导向"，实际做着以企业为中心的动作。知行不合一，就是思维没改变。

美的推动 T+3 模式的过程中，实现了以行为改变带动思维改变。

在这个过程中，从内到外、从上到下才发现，"客户导向"以前只是停留在头脑里，并没有真正落到实处，底层的思维模式还是老的、旧的、原有的。T+3 模式通过实际的行为改变，真正做到以用户需求为导向、以客户订单为指令，不断冲击固有认知，逼着抛弃思维惯性。

所以，T+3 模式带来的最大收益，还不是前面提到的经营结果和能力提升，而是全价值链的思维改变，因为它持续影响着未来的运营模式。

T+3模式效果这么好，推动的时候挑战大吗？

4. 要做 T+3 模式，就要"过五关"

美的推行 T+3 模式，所面临的挑战是前所未有的，突出表现为五大挑战，可以说是要"过五关"。

（1）**短期内业绩下降带来的经营压力。**

原来通过备货压货可以将经销商的仓库提前塞满，大家为了完成业绩指标，不论产品是否是用户所需，哪怕打折促销也要把产品卖出去。

转变为 T+3 模式后,在不能准确把握用户需求、市场预测较差、后端反应能力还未提升的一段时期内(而且这个转型期还不短,会以年为单位),必然出现一定程度的销售业绩下滑,能否忍得阵痛,顶住这种经营压力,是推行 T+3 模式面临的第一关。

很多企业在面临 T+3 模式的第一关时,就已经打了退堂鼓、败下阵来,难怪方洪波会说"美的 T+3 模式,竞争对手最少三年都不一定能学会,这就是我们的竞争力"。

(2)**内部团队的本能质疑与工作惯性**。

二三十年层层分销、打款压货的做法,已经成了内部团队根深蒂固的本能和惯性,T+3 模式要颠覆原来的做法,内部团队嘴上不说,但在心理上就会质疑,T+3 模式在推行过程中仍然不断面临原来工作惯性的冲击。

自己人的质疑,成了第二关。

(3)**外部合作伙伴的不适应与反弹**。

外部合作伙伴主要是供应商和代理商。面对供应商,不管怎么说,美的还是甲方,供应商的配合力度自然会高一些。但是在面对代理商时,代理商要转型成为运营商,这就从起初的不适应,演变到后来的极力反弹,这一步能否迈得出去,实在是难上加难的第三关。

(4)**产品的取舍与重塑**。

T+3 模式的推行,可以说是对产品重新进行了审视和定义,老产品到底怎么做取舍,新产品如何真正从用户需求出发,由此带来的产品端的变革重塑也是前所未有的。美的后来采取的"三个一代"的研发模式,与T+3模式的倒逼有着密不可分的关系。

总之,产品的取舍与重塑是绕不过去的第四关。

(5)柔性生产能力的差距。

前面我们提到三个"大规模":大规模制造、大规模压货、大规模分销。

每个工厂、每条生产线恨不能一天到晚只做一款产品,不换线、不转产,这就是单品种的大规模制造思想。但是T+3模式倒逼回来的做法,恰恰是彻底打破了原来的大规模制造幻想,要求工厂敏捷反应、柔性生产,这中间的能力差距突破是实打实的第五关。

要想过五关,就得斩六将。如果不下大力气,不用笨功夫,不动真格的,美的就会倒在通往T+3模式的路上。

那么,美的在推动T+3模式的过程中,都做了些什么呢?

5. 为了牵一发,就要动全局

推动T+3模式是真正的"牵一发而动全局",为了满足用户需求这"一发",要把价值链全局上的所有环节都进行改造。

图9-4是关于T+3模式流程的关键点,要想端到端拉通产销价值链,就必须在每一个环节上,包括营销端、研发端、供应链、制造端等都将效率提到极致。

第九章 效率之核 | 283

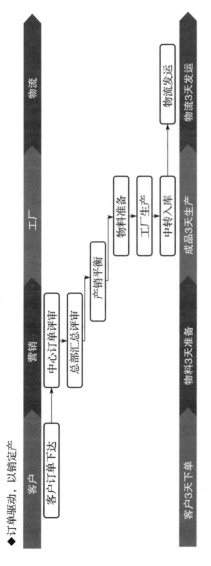

图 9-4 T+3 模式流程关键点

T+3模式看上去是整体反应速度由慢到快，发生了量变，而为了速度上的量变，绝不仅仅是在原有环节上加快动作这么简单，反而需要很多的"质变"累加起来，才有最后反应速度上的"量变"。当然，从以产定销转向以销定产，本身就是一种质变。

我们从T+3模式的下单、备料、生产、发货这四个周期分别看看，美的都做了哪些"质变"性的动作。

- **T：3天下单**

这一周期重点推动了营销变革与营销精细化管理。

营销变革上，主要从考核、供价、下单、型号四个方面入手。

任务刚性考核，打破淡旺季思想，考核口径由考核提货改为考核分销。

全国线上线下统一供价，适应互联网时代，价格透明。

鼓励客户先下单、先提货，形成良性竞争。原来我在事业部的时候，推行过客户下单排名管理，将全国客户下单、打款的时间定期公布出来，先后顺序一目了然，形成先到先得、欲购从速的竞争氛围。

精简产品型号，从营销端做起，贯彻"爆款"理念，产品系列化、家族化。

营销精细化管理上，主要从库存控制、下单均衡、引导客户意识转变、终端动销分销四个方面入手。

对自有库存和渠道库存都进行严格考核管控，推动代理商勤进快销。

改变订单原来都集中在月底和特价机上的不利局面，在时间节奏和订单结构上都进行均衡操作。

培训和引导客户下 T+3 模式订单，由原来的月度只下一次单，改为多次下单。这个也是循序渐进的过程，我们那时候先从月计划加快至旬计划，即下单从一月一次提高到一月三次，再加快至周计划，即一个月就要下四次单，最后提高到三天计划，即一个月要下十次单。这对客户来说是非常大的转变。

鼓励和帮助客户，在渠道拓展、终端分销上不断深入，形成良性销售。

- T+1：3 天备料

这一周期重点体现在研发端和供应链端的变革。

研发端，大力推动标准化工作，精简平台、型号，加强通用化、模组化设计，从源头降低物料数量。虽然美的各类产品的特性不同，但精简幅度少则 20%，多则 50% 以上。

供应链端，物料和供应商管理，双管齐下。

对物料进行细化的分类管理，全面检讨清理出短期、中期、长期物料。同时，结合研发端标准化工作，大幅减少 SKU 和物料编码，减少非标物料与中长期物料占比。

供应商管理上，清理独家供货情况，消除供货风险，并不断优化供应链，倒逼供应商也推行 T+3 模式。必须要承认的一点是，与美的合作的供应商的确压力很大，但能坚持下来的能力提升也很大，即使不能在美的身上赚大钱，但凭着升级后的能力完全可以横扫原来的竞争对手。

- T+2：3天生产

这一周期重点体现在制造柔性提升和产销双向考核。

制造柔性提升也就是我前面提到的第五关。为了过这一关，美的在生产管理改善、柔性时序排产、可制造性改善，以及品质保障方面都下了大功夫。

例如，3天刚性计划的严格执行，物料预约、分时到货的管理。排产上，打破原有型号汇总的方式，完全按客户订单排产。快速换线、快速转产的优化，专人清理尾数、日清日结。实施工艺改善，提高生产效率。提升品质检验方法，建立异常反应机制。

产销双向考核上，美的对营销设置订单均衡性指标，倒逼销售源头，改变集中下单、随意插单情况，提升订单均衡性；对制造设置接单率、齐套率指标，倒逼制造管理和规划能力提升，优化产地布局，提高制造柔性。

- T+3：3天发货

这一周期重点体现在仓储整合、时效改善、运作提升上。

持续库存管控，优化整合仓库。压缩仓库面积后，倒逼着加快提货，提货周期至少缩短50%。

为了追求极致时效，美的采取订单按时齐套、物流按时到车、优化预约模式、专线物流等方式，甚至不惜48小时强制出库。同时，推行下线直发，生产完工后，直接在工厂下线检验，合格后装车发货，不再入库。

运作提升上，对超期开单未提货和准时到货率严格管控、定期通报、月度滚动检讨，有效加速库存周转，提升物流发运及时率。

以上，我对 T+3 模式的四个周期逐一进行了说明。

应该说，这四个周期在推行过程中都特别艰难。有人曾经比较过，说四个周期里面，最难做到的是第二个周期：3 天备料，因为供应商的反应周期很难实现。按照我的理解，3 天备料确实很难，但还不是四个周期里面最难的。前面提到过，备料环节可以从物料、供应商管理双管齐下，将物料细分至最小颗粒进行管理，毕竟美的是甲方，供应商会千方百计配合。

要说 T+3 模式最困难的地方，我认为是营销端，而不是供应链。因为这里面涉及外部客户的转型问题，从代理商转型为运营商。

首先，代理商仓库和销售分部仓库合并，货权发生转移。其次，货物由仓库直接发运给网点，货物流水不经过代理商，虽然代理商是轻资产运作，这对他们有一定益处，但是大量流水的减少导致代理商的盈利模式发生了改变。

改革最大的阻力是触动利益。然而，如果营销端不发生改变，T+3 模式不可能推行下去。为了实现营销端的变革，美的花了几年时间，做了大量工作，除了保证客户收益外，不断通过客户整合、区域直营、树标杆、做沟通等措施，才最终实现营销端的打通。其中的艰难和痛苦不是一言难尽，而是千言难尽了。

6. 为什么美的能做成 T+3 模式

美的 T+3 模式的推进难度要远远高过我们第二节要讲的 MBS，总结美的能做成的原因，至少有 6 点。

（1）打样打得好，使得事实胜于雄辩。

T+3 模式能够在全集团进行推广，首功要归于小天鹅洗衣机事业部。正是洗衣机事业部通过自身的摸索实践，走通了 T+3 模式，并进行了方法论的总结，同时以铁打的事实给美的其他事业部树立了一个标杆，证明了 T+3 模式一定可以成功。

虽然在集团推广 T+3 模式过程中，不同的事业部碰到了各种各样的阻碍，但还是能够硬着头皮做下去，正是因为始终有一个成功样板摆在面前。

（2）一把手的决绝与坚定。

没有方洪波的强行推广，就不会有 T+3 模式的全面开花。

方洪波在听到小天鹅洗衣机事业部汇报 T+3 模式时，敏锐地意识到，这是美的转型所需要的具体做法，他立刻要求在全集团内大力推广实施，这才使得各事业部纷纷到小天鹅洗衣机事业部学习，回来后不断进行培训和实践。

（3）**高级别的组织保障**。

各事业部在推行T+3模式时，都成立了高级别的项目组。

所有跨部门的项目组，除了组长都必须由部门第一负责人担任以外，其中很多组员也由部门第一负责人担任，如国内营销总经理、研发总监、供应链总监、工厂厂长、财务总监等。

（4）**严格的考核与内部PK**。

美的集团每个月都会对T+3模式的各项指标进行严格考核，包括T+3模式订单占比、库存分销比、下线直发率等，十几个指标逐一分析检讨，然后制定改善措施。

同时，每个月各项目组向事业部总经理汇报，各总经理向集团汇报，集团将各事业部推动情况、考核指标反复进行排名PK，导致各项目组丝毫不能松懈。

（5）**强大的品牌力和产品力**。

美的能够拉通价值链，推动代理商转型、供应商配合，强大的品牌力起到了很大的作用，这使得大部分外部合作伙伴顶着压力、忍着阵痛，一起跟着转型。

美的在研发上真金白银的投入极大提升了产品力，对用户需求的把握和满足远超以往，这在T+3模式的营销端、供应链端、制造端都发挥了巨大的作用。

（6）**IT系统的固化和如虎添翼**。

T+3模式能够持续进行而且不断升级，IT系统扮演了重要角色。

举个例子，美的营销端以前对接几百个代理商，现在是对接几万个网点，没有 IT 系统的支持，这根本不可能实现。现在美的已经完全做到了，以 T+3 模式为牵引，打通线上线下，实现了全价值链数字化运营、智能排产、工业 AI、全流程数字化物流管理，以及互联网数据 SaaS 平台共五大维度的结合。

> **内容小结**
>
> 走出舒适区总是痛苦的，何况还是伤筋动骨、自我颠覆的模式转型。
>
> T+3 模式，是美的主动走出舒适区，强迫自己练就的"易筋经"。没有自我否定、自我重塑的精神和行动，就不会有亮眼的业绩，更不会有长远的发展。

第二节　MBS，做得最好的一次精益

精益管理在制造业是基本功，美的从 1980 年做风扇开始，已经在家电制造业摸爬滚打了 40 多年，从集团到各事业部不知道做了多少次精益，我已经不记得被培训过多少次了，反正我觉得精益不可能在美的再翻出什么花来，直到 MBS 的推行。

1. MBS 到底是什么

MBS（Midea Business System），美的官方译成"美的精益营运系统"或"美的精益业务系统"，我认为译成"美的精益运营体系"更为贴切，这样既与其他 IT 系统有所区别，又将精益融入美的"大运营"体系中，可以从更高的视角来对待和理解。因为 MBS 虽然发端于制造，但已经从制造拓展到研发、供应链、管理等多方面，也就是说，美的用精益的方法，根据自身实际，构建了一套整体价值链的卓越运营管理体系。

如图 9-5 所示，MBS 遵循精益的本质，消除浪费、提升价值，就是在所有层次上的"时间压缩"。换句话说，MBS 专注于提升全价值链的卓越运营效率。

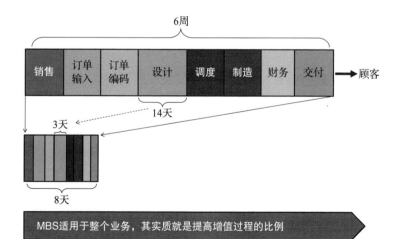

图 9-5　MBS 就是在所有层次上的"时间压缩"

这套精益运营体系为美的打下了坚实的精益基础，美的后来能够成功打造 5 家灯塔工厂[一]，其中的一个重要支柱就是 MBS 所形成的精益支柱。

美的 MBS，说到底精髓还是丰田的精益思想。然而，这一次美的做精益，学习的标杆不是丰田而是丹纳赫，因为丹纳赫是全世界学丰田精益学得最好的企业。

美的的想法是，向"尖子生"学习，学人家是怎么学会精益的。从名称上就开始学起，因为丹纳赫的精益叫"DBS"，美的就把自己的精益称为"MBS"。

当然，美的打造的精益运营体系绝不仅仅是名称上的相似这么简单，为了更好地理解，我们可以将其内涵概括为 MBS "12345"：1 个开始、2 个顶级、3 个核心、4 个追求、5 个步骤。

- **1 个开始**：这个体系开始于客户的声音，即客户是起点、是源头。
- **2 个顶级**：借鉴世界顶级水平的企业管理实践，为实现世界顶级的客户满意。
- **3 个核心**：以战略部署、人才育成、日常管理为核心。
- **4 个追求**：不断地追求改进质量、交付、成本与创新。
- **5 个步骤**：即精益 5 步法，确定价值、价值流分析、流动、拉动、尽善尽美。

[一] 截至 2023 年 6 月 16 日的数据。

2. MBS 的结果远胜从前

美的在实施 MBS 之前的 40 多年里，各个事业部、各个工厂也都陆陆续续推动过精益生产，然而效果参差不齐，时好时坏。

这一次美的推动 MBS，结果与之前相比可以说是天差地别。我们从数据表现、系统性、思维文化三方面来看美的推动 MBS 的结果。

- **数据表现**

生产效率提高 28%，单位成本降低 14%，整体品质提升 50%，库存周转提高 20%，空间占地面积节省 50%，5 天建造一条生产线……各个时期的数据表现会有所不同，但以上数据已经是平均水平了。

再举一个具体的案例，以前美的厨具分厂一条 32 人的产线，一天最多生产 400 台产品；经过改造后，整条产线只需 22 人，一天的产量为 450 台。即人数减少 31%，日产量还能提高 12.5%，人均日产量提高幅度更大，达到 63.6%。

- **系统性**

系统性体现为两方面：方法的系统性、组织的系统性。

方法的系统性，以前所学的精益方法，如 5S、两箱法、三定法、SMED、看板、单元线等，都是孤立地使用，MBS 则把这些精益方法串联起来，系统使用。

组织的系统性，以前各事业部、各个工厂实施精益，都是在不同时期各自为战，MBS 则是集团整体牵头，各事业部、各工厂同时开展，同期汇报，同步竞争，美的整个组织以集团军方式提升精益水平。

- **思维文化**

美的更深层的变化体现为思维上和文化上的转变。

思维上，所有人重新认识了精益，重新树立了精益思想。

文化上，通过从上至下的全员参与、成百上千次改善周活动的推动，整个组织形成了精益改善的企业文化。

图 9-6 展示了 MBS 的相关内容，有助于读者整体了解 MBS。

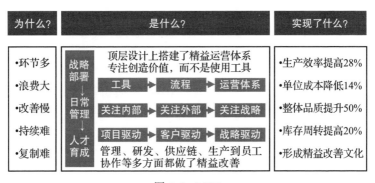

图 9-6 MBS

3. MBS 推动过程中做了什么

MBS 自 2015 年年底启动开始，持续推动至今，构建了完善的精益运营体系，现在已经成为常态化的工作。从大的时间维度来看，MBS 走过了 4 个阶段，经历了 3 个层次，形成了 1 套方法。

（1）4个阶段。

- 启动导入

2015年12月，美的家用空调顺德工厂正式导入MBS。2016年1月，集团第一批MBS学员结业，开启了MBS人才育成。与以往培训模式最大的不同在于，这一批学员不是普通的学员，而是以各事业部总经理、集团总监为主的高管学员。

可以说，MBS首先是从美的高管的思维上进行了启动导入，这个高起点已经决定了后面的很多行动和结果。

- 试点开展

MBS的试点单位中，大家电为家用空调顺德工厂，小家电为厨具工厂。试点单位在不到半年时间里就做出了巨大的改善，成果超出预期。这为后期的快速复制推广树立了非常有说服力的内部标杆。

- 复制推广

MBS在试点单位取得成功后，美的立刻在当时9个事业部、20多家国内外工厂内进行不断复制。中间MBS训练营一期接一期，培养了数百名人才，为MBS的复制推广提供了充足的人才队伍。

- 持续改善

持续改善、尽善尽美，是精益的重要精神。MBS在不断巩固前期成果的基础上，持续追求更高目标，而且不仅美的内部坚持开展MBS，供应商也被纳入了MBS的改善范围。

(2)3个层次。

随着 MBS 的逐步深入,美的先后在多个方面经历了 3 个层次的转型升级。

精益思维上的 3 层升级,从工具层面,上升到流程层面,再提高到运营体系层面。

工作内容上的 3 层升级,从培训开始,进入到实施环节,再上升到价值创造层面。

关注焦点上的 3 层升级,从聚焦内部,扩展到聚焦外部,再提升到聚焦战略。

驱动方式上的 3 层升级,从项目驱动,改变为客户驱动,再升级为战略驱动。

(3)1 套方法。

对于现场改善来说,MBS 沉淀了一套标准化的、可被复制的周改善方法。如图 9-7 所示,在循环开展的现场周改善活动中,MBS 坚持实践五要素。

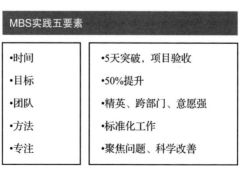

图 9-7　MBS 实践五要素

时间上，坚持以小时为单位进行检讨，坚持 5 天内完成一条生产线的改造。严谨的时间控制使得全员都有紧迫感，问题日清日结，非常高效。

目标上，至少提升 50% 的高目标的订立，使得团队成员更有使命感与荣誉感。

团队上，都是跨部门的精英骨干。

方法上，推广一套让复杂问题变简单的方法，例如用价值流分析找爆炸点、用"5WHY"解决问题、用 QEP 地图进行品质内建等许多可以复制的标准化的方法，坚持一门深入、人人都会，追求用简单的工具解决以前的"老大难"问题。

专注上，聚焦问题的同时，更主要是从整体改善入手，从产品的全价值流着手，每做一点改善就要争取和全局相结合。更形象一点来说，用望远镜看整个流程，用放大镜看整个工厂，用显微镜看每个细节。

4. 为什么 MBS 是做得最好的一次精益

说起来，美的 MBS 所使用的精益工具，如两箱法、三定法、5S、5WHY、SMED、防呆防错、看板、单元线等，没有一样是全新的，都是美的以前开展精益时用过的方法，但为什么 MBS 却是美的有史以来做得最好的一次精益？

对比之前的精益活动，MBS 的成功至少包含以下 5 个原因。

(1)企业最高领导人是第一推动力。

MBS 能取得前所未有的精益效果是和方洪波直接相关的。

首先，MBS 是由方洪波亲自引进和倡导的。其次，过程中方洪波多次深入一线生产现场，不断跟进检查 MBS 的开展情况。

可以确定的是，如果一家企业的最高领导人秉着"不破楼兰终不还"的精神在企业内做一件事，只要这件事不违反客观规律，那么大概率是会做成的。

(2)高管层面统一认识和方法论。

随着方洪波的强力推动，第一批接受 MBS 培训的就是高管。当时要求所有高管脱产进行 MBS 培训，这样就保证了高管在 MBS 的理解和认知上统一认识和方法论，并坚定不移地推动。

(3)始终坚持的组织和制度保证。

美的一贯擅长用组织和制度来保证重大工作的推动，如前面介绍过的 632 项目和 T+3 模式，MBS 的开展也不例外。

除了集团设立 MBS 项目组以外，所有经营单位高管都在内部成立了 MBS 专项项目组，设立 MBS 专员，这样就从集团到事业部、从上至下建立了 MBS 的组织。

在制度上，美的出台很多政策来保证 MBS 的开展，例如制造体系人员的晋升都和参与 MBS 挂钩，还有 MBS 黑带荣誉的授予，各事业部之间的比学赶帮超等，美的把 MBS

的改善氛围营造得非常强烈。

（4）**领导动手，员工动脑。**

精益一直强调要全员改善，让员工参与。但很多时候这一点都变成了要求，就是领导要求员工参与，领导自己却只看不做，甚至不在现场。

MBS在推动过程中非常重要的一个改变，就是高管团队每个月至少脱产一周，直接下到生产一线，打螺钉、修模具、装产品……做很多基层员工的日常工作，直接在现场发现问题，直接快速改善。为了更快改善，过程中经常出现高管自掏腰包做工装、修模具等情况。

高管不再指手画脚，而是直接一手一脚亲自参与，既保证了改善的高度和速度，又让很多基层员工备受鼓舞。因为大量基层员工以前很少有机会接触高管，现在高管就在身边工作，员工都争着要在领导面前"表现一下"，而"表现"的机会就是改善结果的汇报，这样就极大地激发了员工的改善热情。

（5）**"训、战、奖"良性循环模式。**

MBS改善实践中一直是"培训+实战+奖励"模式，培训后立刻实战，实战一有效果，马上进行奖励，团队士气和信心大增，员工更愿意学习和实践，从而形成良性循环。

美的推动MBS前期还由外部老师培训和带领，后期慢慢过渡到由内部MBS学员进行培训，很多员工因此受益，带动了更多人积极参与其中。

内容小结

对于每一家制造型企业，精益都是必修课。美的为了把这门修了多年的必修课学好，又专门推动了 MBS。通过 MBS 的开展，美的不仅仅重温了精益的知识和方法，更重要的是改善了整体经营结果，建立了精益运营体系，形成了精益改善文化。

ACKNOWLEDGEMENTS —— **致谢**

  在写作本书的过程中，我不由地回想起在美的的奋斗时光，慢慢体会到原来那些起起伏伏的磨炼、习以为常的工作甚至不经意的变化，已经成为无比宝贵的财富。借此机会，我要向现在和曾经在美的工作的同事们表示由衷的谢意，特别是对创始人何享健先生和方洪波董事长表示深深的敬仰和感激，他们超前的眼光、无畏的魄力、果决的风格给包括我在内的所有美的人以深远的影响。

  本书得以出版必须要感谢多位老师、朋友和同事的支持与协助。

  首先要感谢启势商学董事长祖林老师，正是在他的提议和鼓励下，我才坚定了出书的想法，也正是有了他的牵线搭桥，才玉成了我和机械工业出版社的合作。说到这里，我要感谢机械工业出版社的编辑们，他们帮助我把零散的文章梳理出连贯的逻辑，对本书框架的搭建起到至关重要的作用。同时，他们还为本书提供了非常宝贵的建议。

与我共事多年的马娜老师，在前期文章和后期本书的编写过程中起到了不可替代的作用。杨茜老师和李肇仪老师是我长期的合作伙伴，她们为本书提供了很多素材和案例。

我还要感谢父母多年的养育之恩，使我有机会从西北边陲到北京读书，最终来到了东南沿海。我要特别感谢我的妻子，她除了照顾好家庭以外，一直默默地支持和鼓励我，让我毫无后顾之忧地写作和帮助更多企业。

最后，我还要感谢微信群里的客户朋友和美的朋友们，你们对我公众号文章的赞扬和鼓励是我坚持写下去的动力，本书也才得以结集出版，再次向你们表示衷心的感谢。

REFERENCE 参考文献

[1] 史蒂文森，张群，张杰，等. 运营管理：原书第 13 版［M］. 北京：机械工业出版社，2019.

[2] 雅各布斯，蔡斯. 运营管理：原书第 14 版［M］. 任建标，译. 北京：机械工业出版社，2015.

[3] 克里斯坦森. 创新者的窘境［M］. 胡建桥，译. 2 版. 北京：中信出版社，2014.

[4] 柯林斯，波拉斯. 基业长青［M］. 真如，译. 北京：中信出版社，2002.

[5] 国务院国资委考核分配局. 企业绩效评价标准值. 2021［M］. 北京：经济科学出版社，2021.

[6] 储小平，黄嘉欣，汪林，等. 变革演义三十年：广东民营家族企业组织变革历程［M］. 北京：社会科学文献出版社，2012.

[7] 谭开强. 美的传奇：从 5000 元到 1000 亿的家电帝国［M］. 北京：新世界出版社，2009.

[8] 陈润. 生活可以更美的：何享健的美的人生［M］. 北京：华文出版社，2010.

［9］ 杨国安. 数智革新：中国企业的转型升级［M］. 北京：中信出版集团股份有限公司，2021.

［10］ 黄治国. 静水流深：何享健的千亿历程［M］. 广州：广东经济出版社，2018.

［11］ 刘宗斌. 卓越运营［M］. 北京：清华大学出版社，2014.

［12］ 冯唐. 冯唐成事心法［M］. 北京：北京联合出版公司，2020.